«Tout ici déracine l'être de lui-même;
le silence profond, la solitude
où la pensée frappe de ses ailes
les sommets tourmentés des montagnes;
tout cela vous emporte loin,

Anthropologue, directeur d'études à l'Ecole des Hautes Etudes en Sciences Sociales (Paris), Alban Bensa mène depuis 1973 des recherches sur des chefferies de Nouvelle-Calédonie. A partir de 1984, il développe aussi une réflexion sur les transformations politiques du Territoire En 1988, il soutient le principe d'un accès progressif de la Nouvelle-Calédonie à l'indépendance. Il travaille alors avec l'équipe de l'architecte Renzo Piano à la réalisation, à Nouméa, du centre culturel Tjibaou. Il a rassemblé ses interventions ethnologiques et politiques dans *Chroniques kanak*, Ethnies, 1995. Il a réuni et présenté avec Eric Wittersheim les écrits et propos de Jean-Marie Tjibaou dans *La Présence kanak*, Odile Jacob, 1996.

A mon père

Dépôt légal : octobre 1998
Numéro d'édition : 88320
ISBN : 2-07-053456-1
Imprimé en France par Kapp Lahure Jombart

NOUVELLE-CALÉDONIE
VERS L'ÉMANCIPATION

Alban Bensa

DÉCOUVERTES GALLIMARD
HISTOIRE

Lézard tapi dans un écrin d'eau bleue serti de corail, la Nouvelle-Calédonie a soumis plantes et animaux à de curieuses métamorphoses insulaires. Cet isolement relatif a conduit les Kanak, comme tous les Océaniens, à déployer au cours des derniers millénaires une inventivité culturelle foisonnante et originale.

CHAPITRE PREMIER

À LA DÉCOUVERTE DE LA CIVILISATION KANAK

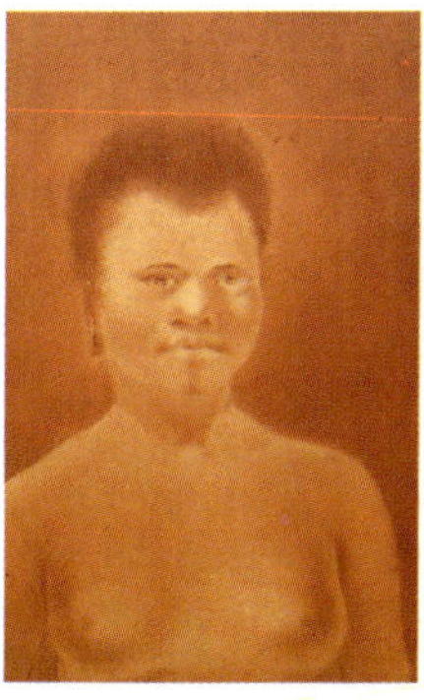

Pour l'Occidental, une inquiétante étrangeté émane de la civilisation kanak. «Nous avons conscience, reconnaît Jean-Marie Tjibaou, de venir d'ailleurs et d'être poursuivis par cet ailleurs qui constitue l'ensemble de nos références.» Le peuple mélanésien, il est vrai, est porteur d'un puissant imaginaire.

Cook découvre un archipel exceptionnel

La surprise saisit James Cook quand sur sa route se dresse une longue bande de terre hérissée de sommets et protégée par un redoutable récif. Les escarpements vert sombre plongeant des cimes vers la mer, les vallées encaissées où serpentent de belles rivières, les majestueuses cascades rappellent au capitaine britannique la Calédonie des rivages d'Ecosse, au sud des Hébrides. Comme s'il retrouvait, loin dans le Pacifique, l'image nostalgique et forte de son pays d'origine, il donna à cette grande terre le nom de

A bord du trois-mâts commandé par Cook, le jeune peintre William Hodges, le botaniste allemand Johann Reinhold Forster, l'astronome William Wales, le médecin suédois Anders Spaarman et quelques autres savants et artistes du XVIIIe siècle approchent d'une île située au-delà de la géographie connue.

Le charbonnier *Résolution* parvint par hasard en vue du Nord calédonien. «Le district où nous débarquâmes, écrit Cook, se nommait Balade et il avait pour chef Téa-Booma qui résidait de l'autre côté de la montagne.»

Nouvelle-Calédonie. Aucun Européen ne l'avait aperçue; ni Magellan, en 1520, lors de la première traversée connue du Pacifique, ni Bougainville qui, en 1768, de retour de Tahiti, navigua dans le Grand Océan. Encore absente des cartes de cette fin du XVIIIe siècle, la Nouvelle-Calédonie ne surgit à l'horizon, sous les yeux d'une vigie de l'Ancien Monde, qu'un matin de septembre 1774.

Une terre ancienne chargée de minerais rares

La Nouvelle-Calédonie se tient aux avant-postes d'une confrontation titanesque entre deux plaques de l'écorce terrestre soumises à la pression des énergies qui agitent le cœur du globe. Ainsi, il y a trente millions d'années, une épaisse nappe de magma composée de roches rares (les péridotites) jaillit des profondeurs. Puis, tandis qu'une puissante érosion dégageait au nord les sols plus anciens (schistes verts, grès, argiles), des réchauffements tropicaux transformèrent, au sud, sur un tiers de la Grande Terre, les péridotites en ces fameux terrains miniers, riches en manganèse, en cobalt, en magnésium et surtout en nickel. Plus tard au quaternaire, le corail, déposé au sommet d'une chaîne sous-marine de volcans éteints, a été progressivement soulevé pour former trois superbes atolls, les îles Loyauté : Maré, Lifou, Ouvéa.

L'intérêt géologique de la Nouvelle-Calédonie n'a pas échappé aux premiers observateurs européens. George Forster, fils d'un des savants qui accompagnent Cook, décrit avec enthousiasme «une grande masse irrégulière de rocher de dix pieds cubes, d'une pierre de corne d'un grain ferme, étincelant partout de grenats un peu plus gros que des têtes d'épingles.

Le cagou (ci-dessous), oiseau coureur et aboyeur presque ignoré du folklore kanak, est devenu la mascotte la plus populaire des Calédoniens.

Cette découverte, ajoute-t-il, nous persuada d'autant plus qu'il y a des métaux précieux dans cette île».

Un jardin botanique exceptionnel

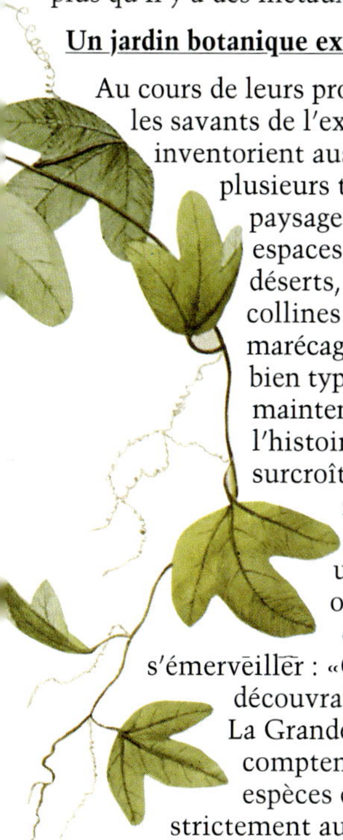

Au cours de leurs promenades, les savants de l'expédition inventorient aussi plusieurs types de paysages : des espaces stériles et déserts, des plaines et des collines fertiles, des bois et des marécages. Sur chacun de ces sols, bien typés et distincts, se sont maintenus des végétaux témoins de l'histoire naturelle de l'archipel. De surcroît, le partiel isolement de la zone a réduit la concurrence entre les espèces et favorisé une évolution végétale très originale. Et les voyageurs européens du XVIIIe siècle de s'émerveiller : «Chaque jour, note Cook, ils découvraient de nouvelles plantes.» La Grande Terre et les îles Loyauté comptent en effet plus de trois mille espèces de végétaux, dont 80 % sont strictement autochtones. Citons, parmi les arbres les plus typiques du paysage calédonien : le pin colonnaire, *Araucaria cookii,* pris d'abord par Cook pour une colonne de basalte et qui signale, avec le cocotier et les bosquets de bambous, les sites d'habitat mélanésien; le houp, grand arbre de forêt, poteau central des demeures kanak les plus prestigieuses; le niaouli, à l'écorce souple et aux feuilles aromatiques dont on extrait l'huile goménolée; les gigantesques fougères arborescentes, vestiges de l'ère secondaire; le somptueux banian à écorce textile et aux racines aériennes qui retombent en pluie…

Avant le XVIIIe siècle, point de porcs ni de chiens

Les frondaisons des bois, savanes et plages recèlent plus de cent espèces d'oiseaux dont beaucoup sont

Complétant une végétation spontanée très particulière (ci-contre, une variété locale de fleur de la passion), les Kanak ont introduit dans l'archipel des plantes alimentaires, des arbres à écorces textiles, des herbes médicinales. Cette civilisation du végétal accorde aux animaux une importance proportionnelle à leur rareté. La Grande Terre ne connaît aucun serpent terrestre mais une grande diversité de lézards, considérés par la mythologie kanak comme les ancêtres de l'homme. Les Mélanésiens ont aussi attribué aux oiseaux des fonctions propitiatoires et symboliques; par exemple, le héron à face blanche (ci-dessus, à gauche), commun aux bords de mer, incarne dans les contes les clans côtiers. Ils piquaient au sommet de longues perches des volatiles de bois sculpté et, sur certaines cases, des notous (ci-dessus, à droite).

Les femmes collectent les coquillages, poissons et crustacés du rivage. Seuls les hommes de certains clans sont habilités à pêcher en pleine eau, à la ligne, au filet ou à la sagaie. Autrefois, ignames et taros étaient échangés contre les produits de la mer ou contre des poteries au cours de marchés réunissant populations côtières et gens des vallées.

propres à l'archipel. Ainsi, le cagou, bel échassier des forêts humides qui forme à lui seul une famille spéciale et unique au monde, quatre sortes de perruches, hôtesses favorites des cocotiers, ou le grand notou, pigeon gris ardoise fort apprécié des chasseurs, auxquels s'ajoutait, il y a plusieurs siècles, un gallinacé géant, *Sylviornis neocaledoniae,* sans doute mangé par les hommes jusqu'à disparition. Les volatiles prennent dans la nature calédonienne (et dans la culture kanak) d'autant plus d'importance que les mammifères y sont très rares. A l'arrivée des Européens, le pays n'en comptait que deux genres terrestres, une grosse chauve-souris (la roussette) et un rat, mais la nourriture carnée s'augmente des trésors du lagon : une impressionnante variété et quantité d'animaux marins comestibles – poissons, tortues, vaches marines, etc.

Un peuple mélanésien original

Le capitaine Cook reste neuf jours au nord-est de la Grande Terre, sans jamais pressentir l'existence des îles Loyauté. Dans le souvenir idyllique qu'il conserve de son séjour, les beautés et les curiosités du paysage s'harmonisent avec l'impression positive que lui laissent les habitants de l'île : «Nous y avons trouvé les hommes forts, robustes, actifs, bien faits, civils et paisibles», écrit-il en introduction à sa *Description de la Nouvelle-Calédonie, mœurs, coutumes et arts des habitans.* Ce penchant rousseauiste lui sera plus

tard reproché par des hommes, navigateurs, missionnaires ou colons, moins habiles à nouer des contacts. Pourtant, en bon ethnographe, Cook repère des caractéristiques si fondamentales de la société locale qu'elles sont encore aujourd'hui clairement attestées : les échanges de biens et de discours, les soins portés à la culture des tubercules, la courtoisie, le peu d'autorité des chefs, la soumission des femmes, une extrême attention à tout ce qui est nouveau. L'étrangeté des habitants du lieu suscite l'étonnement et le plaisir des premiers voyageurs européens. Ils notent qu'ils ont affaire à une population particulière, tant sur le plan linguistique que culturel et social.

Les poils de la roussette, petit mammifère volant frugivore, étaient tressés en longs cordons teints entrant dans les échanges de biens précieux entre les îles.

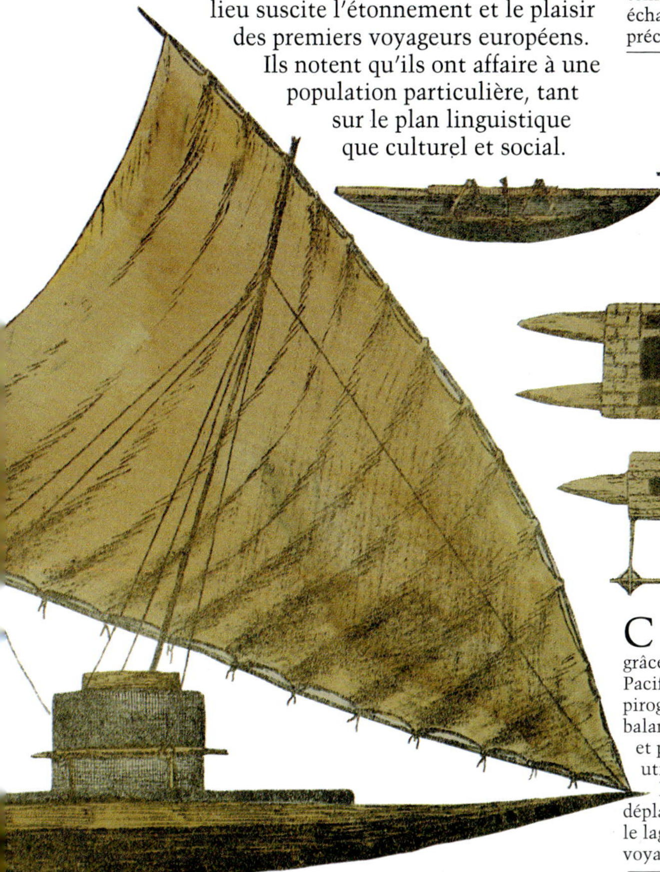

Ces belles embarcations, grâce auxquelles le Pacifique fut peuplé, pirogues simples à balancier ou doubles et pontées, étaient utilisées pour la pêche, les déplacements dans le lagon ou pour des voyages plus lointains.

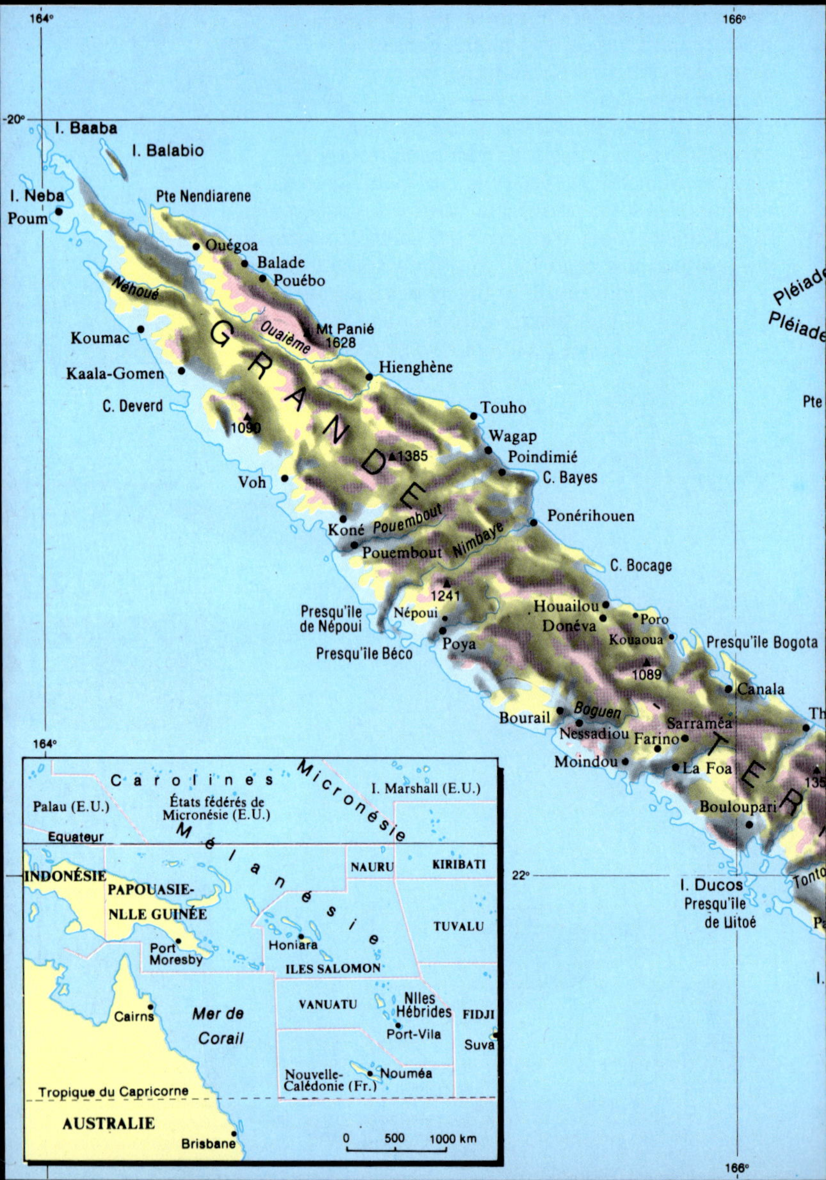
164°
166°
-20°
22°
I. Baaba
I. Balabio
I. Neba
Poum
Pte Nendiarene
Ouégoa
Balade
Pouébo
Néhoué
Ouaième
Mt Panié
1628
Koumac
Kaala-Gomen
C. Deverd
1090
GRANDE
TERRE
Hienghène
Touho
Wagap
Poindimié
C. Bayes
1385
Voh
Koné
Pouembout
Pouembout
Nimbaye
Ponérihouen
C. Bocage
1241
Presqu'île de Népoui
Népoui
Poya
Presqu'île Béco
Houailou
Poro
Donéva
Kouaoua
Presqu'île Bogota
1089
Canala
Bourail
Boguen
Nessadiou
Sarraméa
Farino
Moindou
La Foa
Bouloupari
I. Ducos
Presqu'île de Uitoé
Pléiades
Pléiades
Pte
Tonto
Carolines
Micronésie
Palau (E.U.)
États fédérés de Micronésie (E.U.)
I. Marshall (E.U.)
Equateur
Mélanésie
INDONÉSIE
PAPOUASIE-NLLE GUINÉE
NAURU
KIRIBATI
TUVALU
Port Moresby
Honiara
ILES SALOMON
VANUATU
Nlles Hébrides
Port-Vila
FIDJI
Suva
Cairns
Mer de Corail
Nouvelle-Calédonie (Fr.)
Nouméa
Tropique du Capricorne
AUSTRALIE
Brisbane
0
500
1000 km

L'archipel calédonien, 19200 kilomètres carrés (un peu plus de deux fois la Corse), comprend les îles Loyauté et la Grande Terre. Là, de part et d'autre d'une chaîne de collines et de montagnes, dont la plupart ne dépassent pas les mille mètres d'altitude, descendent ruisseaux et rivières. Les vallées verdoyantes de la côte est contrastent avec les grandes plaines plus sèches de l'ouest.
En 1996, la Nouvelle-Calédonie comptait 196 836 habitants (contre 164 173 en 1989). Les Kanak, au nombre de 86 788, représentent 44,1 % de la population totale (97 % dans les îles, 80 % dans le nord et 25 % dans le sud); les Européens 34,1 % (dont près de 90 % vivent dans le sud); les Polynésiens (Wallisiens et Tahitiens) 12 % (98 % vivent dans le sud); les Asiatiques (principalement Indonésiens et Vietnamiens) 4,3 % (90 % dans le sud).
La population est jeune, mais si 47,2 % des Kanak ont moins de 20 ans, ce chiffre tombe à 30,8 % chez les Européens.

Apparentés aux autres peuples de Polynésie, de Micronésie et de Mélanésie, ceux que James Cook appelle encore des «Indiens», mais que ses successeurs nommeront «Kanaks» puis «Canaques» (mot polynésien signifiant «homme»), constituent en effet un des rameaux du peuplement d'ouest en est du Pacifique insulaire.

Les Kanak ignoraient l'écriture et le fer. Mais la pierre polie entrait dans la fabrication des herminettes, des pierres de fronde et des haches rondes de parade arborées lors des cérémonies.

De l'Asie vers l'Océanie : cinquante mille ans de migrations

L'Australie accueille ses premiers habitants, des chasseurs-cueilleurs – les aborigènes actuels –, à une époque, il y a quarante mille ans, où elle est encore soudée à la Nouvelle-Guinée. Cette grande île, pour sa part, se sépare nettement du continent australien au septième millénaire avant notre ère. Déjà occupée depuis soixante mille ans, elle reçoit, il y a dix mille ans environ, des cultivateurs de taros (les Papous) qui ont vraisemblablement introduit le porc dans la région, à partir de leur lieu de dispersion, l'Asie du Sud-Est.

Partis beaucoup plus tard de la même zone – sud de la Chine, Formose –, les ancêtres des Océaniens insulaires d'aujourd'hui ont, au cours des quatre derniers millénaires, fait souche sur les îles du Pacifique, encore vierges de toute présence humaine. Ces migrants plus récents ont implanté leur civilisation – horticulture, pêche et (hormis les Kanak) élevage porcin – de l'Indonésie à l'île de Pâques (et, dans l'océan Indien, jusqu'à Madagascar). Ils appartiennent à une même famille linguistique et culturelle, celle des Austronésiens, répartie aujourd'hui, dans le Pacifique, en trois grands groupes géographiques : les Polynésiens à l'est, les Micronésiens au nord-ouest et, plus au sud, les Mélanésiens.

Gourdes ou calebasses servent de récipients. Beaucoup d'objets usuels (paniers, éventails, nattes, jupes, battoirs de danse, bannières) provenaient de la vannerie ou du traitement par battage des écorces de *Ficus*, de *Pipturus*, etc.

Les Kanak, premiers occupants de la Nouvelle-Calédonie

Il y a trois mille cinq cents ans environ, les Kanak, Mélanésiens de Nouvelle-Calédonie, s'installent sur la Grande Terre et aux îles Loyauté. Leur présence ancienne dans l'archipel, alors encore inoccupé, est attestée par la poterie de type Lapita, caractéristique de toutes les premières implantations océaniennes. Les Kanak apportent dans leurs pirogues des plantes comestibles originaires d'Asie : ignames, taros, cannes à sucre, arbres à pain, cocotiers et quantité d'autres végétaux utiles. Leur technique d'horticulture par brûlis fait alors reculer la forêt primaire au profit d'une savane arbustive. En se dispersant le long du littoral puis en remontant dans les vallées, les Kanak – comme, d'une manière générale, tous les peuples de Mélanésie – se sont organisés en petites communautés, aucune ne prenant le pas sur les autres.

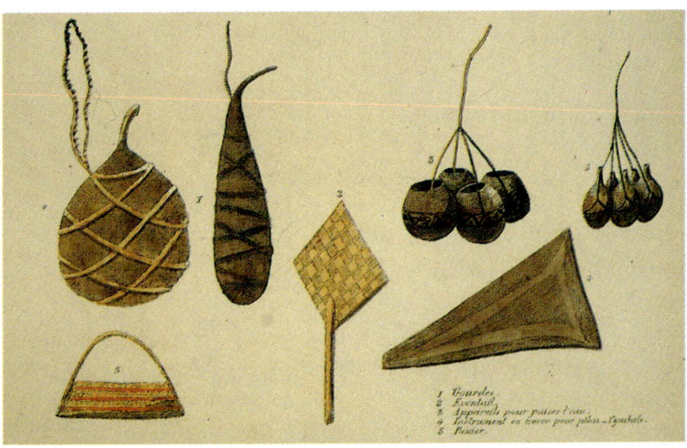

Les Mélanésiens ont introduit en Nouvelle-Calédonie quatre espèces d'ignames diversifiées sur place en de nombreuses variétés. Tous ces tubercules succulents, riches en calories mais pauvres en protéines, sont cultivés par repiquage-bouturage. Les Kanak établissent une distinction hiérarchique entre les ignames de première catégorie, dites «vraies ignames», base de tous les échanges importants, les ignames ordinaires, consommées quotidiennement, et les ignames semi-sauvages qui servent de nourriture d'appoint. Les ignames récoltées ne se conservent pas plus de quelques mois, ce qui interdit toute capitalisation des produits d'une année sur l'autre.

Pour ouvrir de nouvelles surfaces fertiles, ils élaborent une agriculture hydraulique en terrasses dont on trouve peu d'équivalents aussi sophistiqués dans le Pacifique. En outre, aux îles Loyauté, des sociétés sensiblement différentes de celles de la Grande Terre se sont constituées. De très nombreux témoignages montrent qu'ainsi la civilisation kanak a développé dans tous les domaines, à partir d'une souche unique, des particularismes marqués : invention d'un nouveau genre de poterie et de plusieurs styles de sculpture, gravures dans la pierre de dessins énigmatiques (pétroglyphes), peintures rupestres, créations d'institutions politiques et matrimoniales distinctes.

De même, les langues vraisemblablement peu nombreuses des tout premiers arrivants se diversifièrent sur place. Quelques millénaires plus tard, au XIXe siècle, on découvrait avec surprise en Nouvelle-Calédonie un éventail linguistique de trente-deux langues, aussi large et varié que celui de l'Europe entière; vingt-huit d'entre elles – dont une langue polynésienne – sont encore parlées aujourd'hui. Les Mélanésiens, souvent bilingues, voire trilingues, ou ayant recours à des interprètes, n'y ont jamais vu un obstacle majeur à la communication interrégionale. Leurs disparités linguistiques coexistent, il est vrai, d'un bout à l'autre de l'archipel, avec une relative homogénéité culturelle, gage d'un sentiment d'unité que la colonisation viendra renforcer.

Sur des roches, des pans de falaise ou dans des grottes, les anciens Kanak gravaient et peignaient des motifs abstraits ou figuratifs. Certaines de ces œuvres rupestres semblent avoir été associées à des rites agraires ou à la mémorisation d'événements importants.

En Nouvelle-Calédonie, la poterie Lapita, commune jusqu'au début de l'ère chrétienne à tout le Pacifique, a été fabriquée par les ancêtres des Kanak actuels. Cet artisanat était, semble-t-il, une spécialité féminine.

La culture des tubercules : plus qu'une technique, un art

Pour assurer leur subsistance, les Kanak cultivent par repiquage des plantes à tubercules. Bananiers, arbres à pain, cocotiers composent aussi le repas que des «gâteaux» de fruits ou d'ignames sauvages venaient autrefois agrémenter. Mais les taros et surtout les ignames occupent une place centrale. Leur importance alimentaire et cérémonielle est telle qu'on a pu dire de la culture

mélanésienne qu'elle relevait d'une véritable «civilisation de l'igname».

Chaque année, de septembre à novembre, on enfouit des morceaux de cette racine dans un billon, haute butte de terre ameublie et bien drainée par des canaux d'écoulement. La taille des lianes qui sortent des tubercules est l'indice de la maturité de la plante, qu'on récolte quatre à cinq mois après les plantations. Consommées surtout bouillies, mais parfois rôties, les ignames sont aussi échangées entre les familles à l'occasion des naissances, des mariages ou des deuils. Certains spécimens de grande dimension, symboles masculins et gloire du cultivateur kanak, sont offerts aux personnages de haut rang. D'une moindre importance symbolique, mais essentiel pour

«Faire la coutume», c'est échanger des biens identiques en quantité équivalente, en ponctuant dons et contre-dons de discours codés mais teintés d'une forte affectivité, voire de violence rentrée. Ce rituel échangiste accompagne toutes les relations sociales.

l'alimentation quotidienne, le taro, souvent associé à la femme, est planté dans des terrains humides, au bord des rivières ou à flanc de colline, irrigués alors par des canalisations artificielles. Avant que le bétail des Européens ne les piétine, les tarodières s'étageaient du sommet des montagnes jusque dans les plaines. Les terrasses étaient inondées selon une rotation qui préservait la reconstitution et la fertilité des sols, et assurait une production continue de tubercules laissés en terre et récoltés à mesure.

Horticulture et société, une même passion pour la diversité

Les Kanak distinguent entre cinquante et cent boutures (ou clones) d'ignames et de taros, soigneusement classées en fonction de leur capacité d'adaptation au sol, de leur texture, de leur couleur. Le jardinier mélanésien aime augmenter sa collection de tubercules. Pour cela, il les échange avec ses parents, alliés, voisins, lors des promenades, visites ou fêtes. Ce goût des choses nouvelles s'étend aux animaux et même aux personnes. Ainsi, remarque l'agronome ethnographe André-Georges Haudricourt, «l'intérêt des Mélanésiens pour l'étranger "à cultiver" se manifeste aujourd'hui d'une façon frappante. [...] Chaque fois qu'ils peuvent se procurer la bouture d'une plante nouvelle, ils la rapportent chez eux; ils échangent celles qu'ils possèdent. Le rapprochement s'impose avec les échanges d'enfants si courants en Océanie. [...] Quel contraste avec l'endogamie, la xénophobie du cultivateur de céréales, qui doit chaque année "séparer le bon grain de l'ivraie", qui ne trouvera jamais rien de bon à cultiver à l'extérieur de ses champs!»

Toujours en quête de nouveautés, les Kanak entreprennent des parties de chasse en forêt ou des collectes sur le littoral. Le complément carné d'une nourriture à 80 % végétarienne est ainsi fourni par des roussettes, des pigeons, des coquillages.

En mer, à la pêche, découvertes et aventures font, dans les traditions orales, échapper les intrépides aux rythmes contraignants de la vie agricole et domestique.

Avec le long épieu qui sert ici à déterrer les tubercules d'un grand taro, on défonce aussi le sol où les ignames seront plantées puis ramées sur des perches. Une ou plusieurs parcelles sont mises en culture par chacun, homme ou femme, dès son adolescence et ce, à titre privé. Les droits d'usage des zones cultivables et des aires de pêche circulent à l'intérieur comme à l'extérieur des groupes familiaux par transmission entre parents ou alliés ou bien par simples contrats entre individus. Pour les gros travaux, le cultivateur peut bénéficier de l'aide de ses proches, mais il reste seul responsable de la bonne tenue de ses jardins et propriétaire de la récolte. Les produits agricoles ne sont traditionnellement ni achetés ni vendus mais directement échangés. Influencée par les pratiques européennes, cette économie fermée s'est partiellement ouverte au marché en développant des cultures commerciales, principalement celle du café. Actuellement, les Kanak élaborent des projets économiques qui voudraient concilier univers coutumier et exigences modernes.

2
Partie ornée de la Lance sur une plus grande Echelle
Chapeau de Plumes &c.
3
Différentes
5
Peigne
4
8

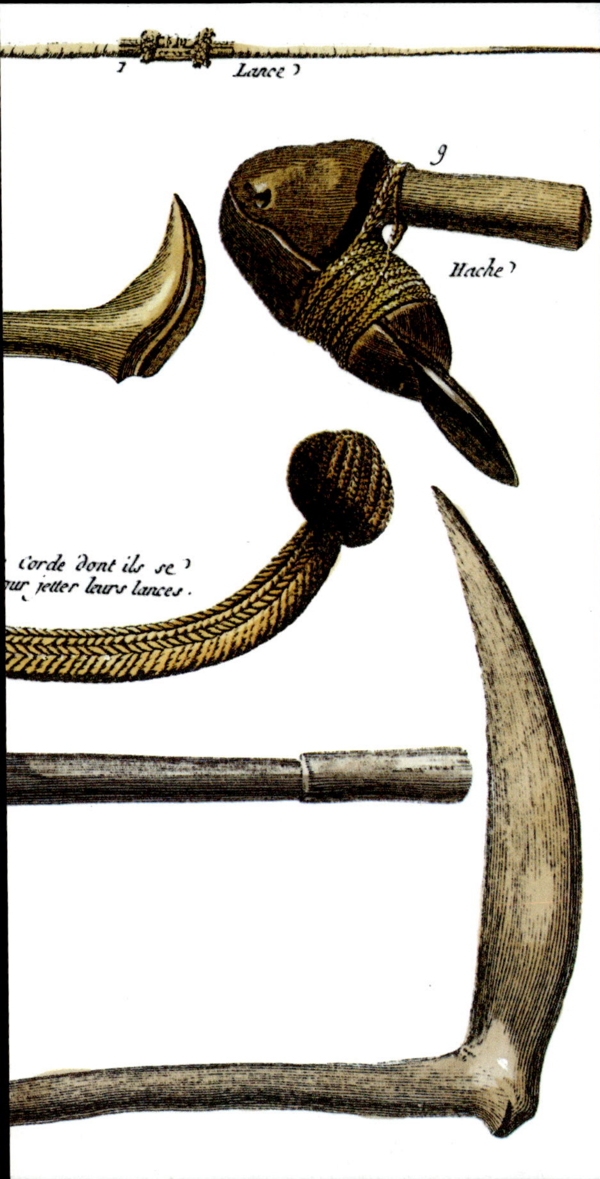

Les herminettes à lames de pierre (9) étaient utilisées pour l'abattage des grands arbres, avec l'aide du feu, et pour la sculpture. Ces dessins de la collection Cook rappellent aussi qu'aucun homme ne se déplaçait jamais sans ses armes : sagaïes (1 et 2) propulsées par un doigtier tressé (5), casse-tête et massues de bois durs (6, 7 et 8), fronde attachée au couvre-chef. A cette panoplie guerrière s'ajoutaient des jambières et des bracelets de coquillages, un étui pénien d'écorce roulée et un chapeau cylindrique de sparterie (3) orné des plumes d'un petit coq indigène aujourd'hui disparu. Les femmes portaient de courtes jupes de fibres d'écorces battues et teintes, des peignes en fins éclats de bambous (4) et des colliers de perles de pierre verte. Les missionnaires ont sommé les hommes de se ceindre les reins d'une étoffe (le «manou») et les femmes d'enfiler des robes dites «robes mission», longues et fermées au col, spécialement dessinées par un couturier parisien.

Quant au ravitaillement en poissons, tortues, dugongs et autres animaux marins, il est ponctuellement assuré par des clans spécialisés. La pêche en mer, plus importante aux deux extrémités de la Grande Terre et aux îles Loyauté, ne prend toutefois jamais le pas sur l'horticulture.

«Les ancêtres sont notre engrais et notre force»

Pour les Mélanésiens, toute initiative ne saurait être couronnée de succès sans l'accord et le soutien des ancêtres. A leur savoir-faire de jardiniers, de chasseurs ou de pêcheurs se mêlent des rites traditionnels restés très présents. Des pierres, où se condense la puissance vitale des ancêtres, sont enterrées avec les ignames et les taros pour les faire croître et multiplier. De même, certaines plantes sauvages, symboles de vie et de fécondité, composent les bosquets magiques qui protègent les jardins, les habitations et les personnes. Ces gestes invitent les défunts à intervenir au bénéfice des vivants. Les morts transmettent, par l'intermédiaire de formes appropriées (plantes, pierres, sculptures, invocations), l'énergie nécessaire à la production des aliments, des personnes et des objets.

Ainsi, la fondation d'une demeure exige l'invisible mais puissant appui des ancêtres. Pour les appeler, des herbes votives, des morceaux de quartz, des perches de bois dur sont rassemblés dans un buisson aux abords d'un large (dix mètres) et long (jusqu'à cent mètres) terre-plein en forme d'allée. Sur cet espace se dresse l'ensemble des cases en haut duquel trône, plus imposante que les autres, celle du maître de céans. On l'édifie sur un monticule circulaire que rehausse une assise de pierres plates. Au milieu est solidement fiché le poteau central, tronc d'un arbre de

La case donne son nom à tout groupe socialement reconnu et respecté sur sa terre. C'est pourquoi le drapeau de Kanaky arbore en son centre une flèche faîtière (ci-contre, à gauche et à droite).

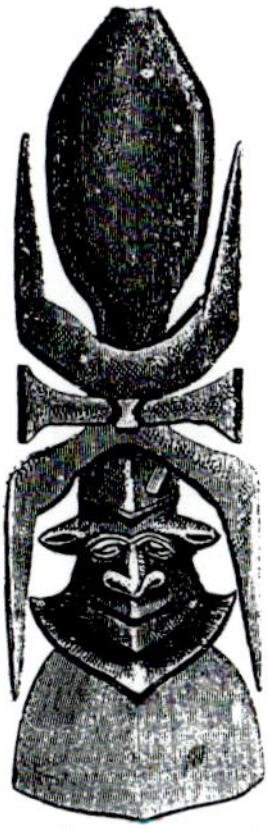

grande forêt, coupé et transporté par des spécialistes. Les montants de la charpente viennent s'y appuyer mais aussi le soutenir.

Le poteau est souvent la métaphore du «chef». Il ne saurait se dresser et être stable sans la sollicitude de ceux qui l'installent, ses «sujets», ni sans l'assistance conjointe des ancêtres qu'appelle, au sommet de la case, une pièce de bois sculptée – la flèche faîtière. A ce support d'emblèmes – conques, bannières, oiseaux sculptés –, où sont cachées des herbes protectrices, s'ajoutent, autres symboles de vie et de puissance, des chambranles, panneaux de bois gravés. Ils encadrent l'unique et très basse porte de la case; car en signe de respect, il faut se baisser pour pénétrer dans cette demeure où siègent tous les membres (masculins) du groupe local, mais toujours attribuée à un homme et un seul. Le nom du tertre, de l'allée, sert à le désigner. A la mort du gardien des lieux, la case et son emplacement seront rendus à la brousse, mais deviendront l'un des points de référence essentiels du clan, un site respecté : les ancêtres n'abandonneront jamais les espaces qu'ils habitaient et cultivaient autrefois. Leur souvenir structure toute la société kanak.

La sobre majesté des sculptures appliquées contre les montants de l'entrée des cases rappelle la présence des ancêtres. A chaque région de la Grande Terre correspondent des motifs stylistiques distincts. La plupart de ces œuvres inspirées ont été au pire détruites par la hargne colonisatrice, au mieux conservées dans des collections privées et des musées. Mais cette esthétique singulière témoigne à jamais de la troublante intensité de la civilisation kanak.

Terres et demeures des aïeux sont les sources de l'identité kanak

Plusieurs familles mélanésiennes, en se rattachant en ligne masculine à un aïeul commun, forment un groupe de parents entre lesquels le mariage est interdit. A ce clan correspondent tous les hameaux qu'occupèrent successivement les descendants de l'ancêtre. L'arbre généalogique prend donc l'allure d'un itinéraire qui commence avec le premier habitat construit par les fondateurs du groupe. Des récits mythiques relatent cet événement en remontant jusqu'à l'origine des hommes. Par exemple, des clans du centre de la Grande Terre racontent que le premier humain provient de la métamorphose de vers sortis d'une dent de la lune posée sur une montagne. Il prit pour épouse une anguille, puis installa sa descendance en divers hameaux qui sont aujourd'hui la propriété du clan. A chaque génération, de nouveaux sites sont édifiés. Les querelles entre aînés et cadets, les guerres pour la conquête d'espaces vivriers et, plus récemment, l'accaparement des terres par les Européens ont obligé les anciens à abandonner leurs habitats d'origine. Mais une mémoire tenace maintient vivants les droits de leurs descendants sur ces sites. Les noms des endroits parcourus et habités sont repris par les familles actuelles. L'identité du clan se compose de noms de lieux insérés dans des discours imagés dits par des orateurs spécialisés lors des cérémonies.

«A toi Requin, dieu totem de mon ancêtre, je t'offre cette chair de mon igname»

Dans le clan, l'aîné de la branche aînée est l'objet du plus grand respect : silencieux et à l'écart de ses frères, il représente celui qui demeure au plus près des ancêtres. A ce titre, sa parole est importante. Elle devra pourtant tenir compte des avis des chefs de famille du clan. Parmi eux se trouvent des hommes ayant en charge des responsabilités bien précises : magie des cultures, discours cérémoniels, envoi des messages, organisation des guerres. Au sein d'une lignée cadette se transmettent les savoirs qui protègent et guérissent les membres du clan. A l'aide de plantes, de formules et de rites, les Kanak entrent

Nettoyés avec une plante symbolisant la vie, les crânes des défunts étaient déposés dans des anfractuosités rocheuses. Là, on demande aux ancêtres d'intercéder en faveur de leurs descendants. Nombre de réflexions kanak s'inspirent de ces pratiques.

en communication avec leurs ancêtres. Ainsi, pour les aider, les défunts se mêlent aux vivants parfois sous des formes reconnaissables : un coup de tonnerre, un lézard, un requin, une pierre; car chaque clan voit ses ancêtres se manifester sous une forme spécifique, que les ethnologues ont nommée «totem». Les «dieux» kanak, appelés *bao* en langue de Houaïlou, sont à la fois des ancêtres et, sous leur forme totémique, des éléments du monde naturel. Waya Görödé, un écrivain mélanésien, explique : «Les bao de ce pays sont restés attachés aux sommets de montagnes [et] aux anciennes terres kanak!»

Des perches au pied desquelles sont enterrées des herbes votives appellent le monde vivant des morts à se mêler à celui des hommes. Ces derniers préparent ici (à Canala vers 1880) une grande cérémonie d'échange.

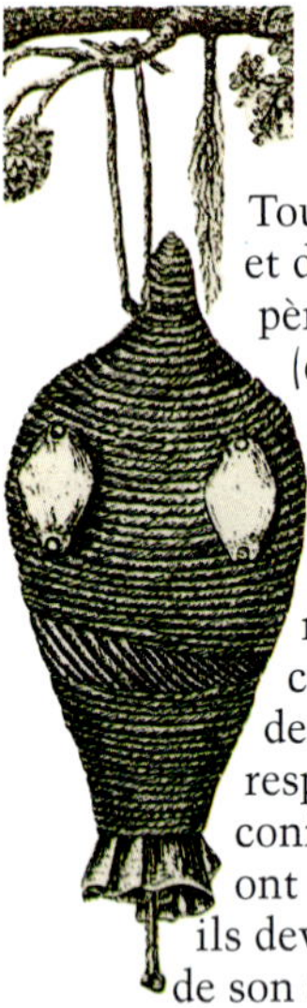

«La vie est donnée par le sang; le sang, c'est la mère qui le donne» (Jean-Marie Tjibaou)

Tout individu hérite des noms, du totem et des droits de propriété du clan de son père. Mais, pensent les Kanak, son corps (chair, sang) et son âme lui viennent du clan de sa mère. Lorsqu'un enfant naît, on prévient ses oncles maternels. Ils accourent et prononcent des paroles pour souhaiter longue vie au nouveau-né et le soutenir dans sa croissance. Quant aux parents paternels de l'enfant, ils sont les protecteurs, les responsables de cette vie qui leur a été confiée. A la mort de la personne qu'ils ont élevée et dotée d'une identité sociale, ils devront restituer son corps et le symbole de son souffle éteint – une «monnaie» de coquillages enfilés – à ceux qui leur en avaient jadis donné la charge, les oncles maternels.

Le respect dû aux hommes du clan de la mère est une des caractéristiques essentielles de la société mélanésienne. Quand une personne se coupe par inadvertance et que son sang coule, elle s'empresse d'apporter un cadeau à ses parents utérins, car c'est leur sang qui vient d'être versé. Toute atteinte à l'intégrité physique d'un individu (blessure, maladie, décès) est pensée comme une offense faite aux oncles maternels. Toutefois, le clan de la mère s'offre aussi comme une aide ou un refuge en cas de difficultés rencontrées dans la famille paternelle.

Les chemins de l'alliance

Il est interdit de se marier dans son propre clan. Mais le clan le plus proche, celui du frère de la mère, offre des conjoints possibles, voire vivement recommandés par la tradition. Les alliances sont organisées en fonction du rang des personnes : les branches aînées tendent à se marier entre elles et les mésalliances sont désapprouvées. Les Kanak s'efforcent d'équilibrer les dons et contre-dons d'épouses.

La «monnaie» kanak (ci-dessus) est un sceau par lequel le contrat passé entre des groupes ou des personnes prend un caractère solennel, au sein d'une société où la fréquence des ruptures d'alliances et des trahisons rend chacun naturellement méfiant. Pour se protéger de la malveillance supposée d'autrui, les Mélanésiens pouvaient fabriquer des objets magiques (ci-contre). Ils ont de préférence recours aujourd'hui à des «boucans», paquets de plantes diverses qui doivent repousser les attaques invisibles responsables de tous les maux. Chaque famille détient ses «médicaments».

L'art de vivre kanak

A l'aube, les alizés dégagent la mousse de brume encore accrochée à l'ombre des montagnes et porte vers nous le murmure de la rivière. L'air léger, bleuté, immobile, laisse parfaitement se dessiner sur le ciel pur les palmes de cocotiers, les feuilles luisantes des bananiers et, au milieu d'une grande allée herbue, la case ronde d'un hameau. A l'odeur goménolée des niaoulis se mêlent les senteurs âcres du bois à demi brûlé qu'on rallume. Une paix profonde semble veiller sur les Kanak. Les femmes, souvent rieuses, préparent les repas, attisent le foyer, poulotent les marmots. Les hommes, volontiers pensifs, se tiennent en retrait des tâches domestiques. Ils iront vaquer aux champs, à la pêche, à la chasse, ou bien débattre inlassablement des affaires politiques, matrimoniales et foncières qui font vibrer la tribu d'une sourde passion et qui autrefois débouchaient fréquemment sur des guerres. Toute mort violente était ensuite compensée par des échanges entre les groupes ennemis.

Femmes au foyer, guerriers en parade

Le respect, maître mot de la morale kanak, s'exprime par des paroles et des gestes de politesse appris dès la petite enfance. On ne passe pas derrière ses oncles maternels, ni derrière le chef. Les cadets se tiennent à distance de leurs aînés. Les jeunes n'interrompent pas la conversation des vieux. Frère et sœur s'évitent scrupuleusement. En retour, la plaisanterie moqueuse est de mise entre certains cousins. Ces façons d'être, aussi naturelles que des habitudes, sont celles des hommes et des femmes; mais ces dernières doivent aussi honorer la gent masculine de marques de respect publiques plus appuyées : manger, circuler et se tenir à l'écart, se taire dans les assemblées... Seules les femmes âgées et les aînées peuvent franchir cette invisible barrière et prendre leur part des contraintes qu'impose le débat politique entre hommes. Les autres, entre elles, s'abandonnent souvent à une parole moins empesée, joyeuse, caustique.

Les légendes se plaisent à gloser sur l'issue des mariages, sur le destin difficile des enfants naturels, sur l'attrait qu'exercent des femmes ou des hommes prestigieux. On raconte comment, pour faire venir à lui une étincelante «fille du soleil», un pêcheur fit flotter jusqu'à l'horizon une belle calebasse décorée. Mais son mariage suscita la jalousie d'un chef voisin qui tua l'épouse. Il faudra toute l'habileté d'un Orphée kanak pour aller chercher la défunte au pays sous-marin des morts et la ramener à son époux. Le mariage dans la société kanak est une affaire d'importance, parce qu'à travers lui les clans nouent des alliances politiques, des liens de solidarité, particulièrement utiles lors des conflits et des guerres.

Les maîtres de la terre, assises de la chefferie

A l'intérieur d'un même espace cohabitent généralement plusieurs clans. Chacun d'eux se situe par rapport aux autres en fonction de son ancienneté dans le territoire et des charges qu'il y assume. Les clans les plus anciens détiennent sur ceux qui sont venus après eux une autorité certaine. En tant que premiers défricheurs, ils sont les seuls à pouvoir obtenir des génies du lieu les pouvoirs nécessaires à la réussite de la chasse, de la pêche et de l'agriculture. Ces maîtres de la terre, comparés à des rochers, à des bois durs ou à des oiseaux de la forêt profonde, constituent les assises des autres clans. Dans certaines

Loin des brouillards mystiques et des enchaînements circulaires de symboles où l'on veut parfois l'enfermer, la réflexion mélanésienne porte, pour l'essentiel, sur les événements historiques successifs ayant abouti à l'édification des chefferies. L'origine, les déplacements et l'installation des clans donnent ainsi lieu à des récits et à des débats qui définissent ou contestent le statut politique de chacun. Ce tressage des relations humaines mobilise dans son argumentaire la mémoire érudite et les talents oratoires des hommes, rassemblés autour d'un feu ou à l'ombre d'un banian.

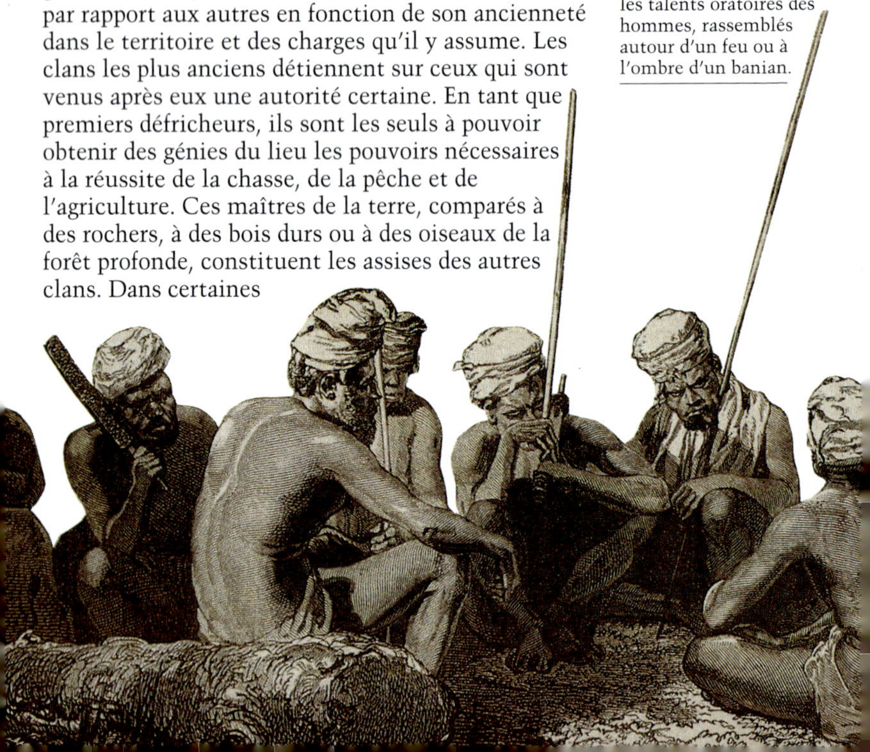

régions, on les dit «enfants de la lune», comme les tout premiers hommes. Ils ont pour partenaires les «enfants du soleil», clans migrants assimilés à l'astre du jour, qui reçoivent des titres de noblesse, des terres et, parfois, des épouses en échange des services qu'ils peuvent rendre à leurs hôtes. Les enfants du soleil sont aussi appelés «enfants-chefs» parce que les anciens du pays leur ont confié le soin de représenter tous les clans du territoire.

Le chef est l'expression vivante de l'accord passé entre les clans

Ni potentat féodal ni général, le chef, sur la Grande Terre, a beaucoup de devoirs et peu de pouvoirs. Les attributs (titres, masques, emblèmes sculptés) d'une souveraineté qui ne saurait s'exercer sans l'aval de ceux qui l'ont promu lui sont confiés par les anciens du pays. En pays kanak, le chef est un étranger. Les mythes comparent son intégration dans un terroir d'accueil à la découverte d'un objet précieux ou d'un être exceptionnel associés à des puissances surnaturelles. Il apporte avec lui les forces qu'on attribue aux plantes et aux animaux non domestiqués, comme aux étrangers. Mais la greffe peut ne pas prendre : les anciens du pays ont la possibilité de destituer le chef. Autrefois, l'instabilité du pouvoir politique était la règle dans une société en permanence travaillée par l'Histoire, l'ouverture sur l'extérieur et les déplacements.

Dans la pratique, les rites agraires font du chef un calendrier vivant. Il reçoit les premières ignames et, en les mangeant, inaugure la période de la récolte. De même, il est averti par les «maîtres des cultures» qu'il peut planter ses tubercules, et son geste marquera le début d'un nouveau cycle horticole. En l'honneur de la puissance et de la notoriété d'une chefferie, il arrive que les membres d'un même territoire construisent de très grandes cases atteignant plus de dix mètres de haut.

Bois des forêts profondes pour le visage, cheveux de poils de roussette, cape de plumes de pigeon accrochée à son cou, le masque, terreur des femmes et des enfants, symbolisait la puissance des clans les plus anciens de la région.

Ces imposantes demeures, édifiées sur un terrain appartenant à un ancien, rassemblent périodiquement autour du chef tous les notables de la région.

Les échanges cérémoniels, poumons de la société

La vie sociale kanak, comme partout en Océanie, est scandée par des échanges obligés entre clans apparentés. Pour une naissance, un mariage et, plus encore, un deuil, les parentèles de l'enfant, des époux ou du défunt s'offrent avec ostentation des cadeaux. Par le jeu des dons et contre-dons, une quantité considérable de biens identiques changent de mains. Coquillages enfilés en «monnaies», longues jupes de fibres, cordons en poil de roussette, écorces battues et, aujourd'hui, tissus européens et billets de banque circulent entre toutes les parties regroupées en deux camps : celui des invités et celui des maîtres de la cérémonie. Ces grands rassemblements non mercantiles – appelés *bwénaado* en langue de Touho, et *pilou-pilou* en français local – donnent lieu à des discours prononcés devant chaque pile de biens donnés ou rendus. L'assistance, dans une longue danse nocturne, est ensuite invitée à accompagner l'âme du défunt jusque chez Téâ Piijèpaa, maître du pays sous-marin des morts. Une belle poésie kanak évoque l'ultime voyage d'un chef disparu :

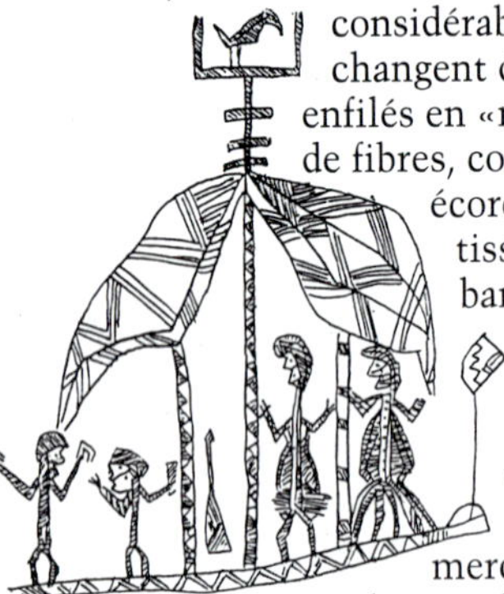

«Il est parti peu avant l'aube
Séparant le jour de la nuit
Son pied a fendu l'aurore
Jusqu'à la ronde des défunts.»

Beauté et richesse de la littérature orale kanak

Souvent, à l'occasion de ces fêtes, les Kanak se plaisent à dire des récits mythiques, des contes, des poésies. Ils racontent l'origine des tout premiers hommes, fondateurs des clans, puis la dispersion des familles jusqu'à leur résidence actuelle. Certains contes

mettent en scène des animaux dont les querelles rappellent celles des humains. D'autres évoquent des mariages difficiles, des adoptions manquées ou des guerres anciennes. Celles-ci servent de thème principal aux longues poésies en vers de huit pieds que les Mélanésiens du centre de la Grande Terre composent dans un langage riche en images et en allusions. La tradition orale enregistre et accompagne les mouvements, les coups de force, les à-coups si caractéristiques de la vie sociale kanak. Ordres et désordres, stabilité et changement ne cessent d'alterner au gré des affrontements et des migrations que déclenchent les compétitions pour les épouses et la notoriété.

Une société d'inspiration aristocratique

Dans la civilisation kanak, les personnes de qualité sont clairement distinguées de celles d'un rang moindre. Les titres de noblesse, noms des sites fondés par les ancêtres originels, sont portés par les branches aînées du clan, par les plus vieilles familles d'un terroir et par les lignages étrangers accueillis comme chefs. L'aristocratie ainsi définie reçoit de ses obligés les marques appuyées de respect que chacun doit aussi aux anciens et aux oncles maternels, c'est-à-dire à ceux

Représenté (ci-contre, page de gauche) sur un bambou gravé, l'orateur, la hache cérémonielle posée sur l'épaule, monte sur une haute perche d'où il déclame, à grande vitesse, un poème véhément présentant tous les clans du pays. A ses pieds, la foule scande le flot de paroles par une danse haletante que rythment vivats et sifflements. Ce morceau d'opéra kanak, offert aux parents maternels du défunt, inaugure le pilou-pilou : chœur à deux voix, bambous creux frappés sur le sol et battoirs d'écorce; l'orchestre est en place pour faire tournoyer jusqu'à l'aube la cohorte des convives (ci-dessus, danse de pilou).

qui, dans les domaines foncier et génétique, jouent un rôle rituel central. La maîtrise de ces domaines vitaux (la terre, la gestation) fonde une autorité morale limitée au bon vouloir de ceux qui s'en sentent dépendants. Malgré leur position hiérarchique dominante, ni le chef ni le maître de la terre ne sont en mesure d'empêcher une famille, un clan ou un individu de décider de leur propre sort. De même, personne n'est jamais totalement dépossédé d'un accès à la terre ni d'un rang social, si modeste soit-il. En outre, la société reste suffisamment ouverte à l'Histoire pour que chacun puisse y développer des stratégies à sa convenance. Ainsi, les droits et les devoirs sont établis, toujours temporairement, par des contrats révisables selon l'évolution du contexte. Toute situation sociale ou politique est au préalable débattue, puis fixée par des accords qui ne sont jamais définitifs. Les alliances, les chefferies se font et se défont, et les titres de noblesse peuvent être captés par de nouveaux groupes. Autrefois, les conflits se réglaient par les armes, et les guerres étaient le prélude à de nouvelles relations contractuelles. Mais la violence, surtout lorsqu'elle s'exerçait sur des groupes éloignés, pouvait prendre un tour plus radical, jusqu'au massacre des ennemis, dont on mangeait les dépouilles. Non pas, principalement, par manque de nourriture carnée : comme dans toute la Mélanésie, faire disparaître les corps privait les vaincus des cérémonies de deuil qui font des morts des ancêtres protecteurs.

Circoncision et initiation introduisaient les hommes dans le monde adulte. Peu à peu, avec l'âge et l'acquisition du savoir coutumier, droit à la parole et autorité leur étaient reconnus. Cette continuité est aujourd'hui parfois mise à mal par l'attrait qu'exerce le mode de vie urbain sur les jeunes. La difficulté d'accéder à des emplois dans un univers dominé par les Européens génère alors un sentiment d'échec et de désespoir dont l'alcoolisme, voire la délinquance, sont les tristes symptômes.

Une identité affirmée

La culture kanak, loin d'appartenir à un passé imaginaire, s'inscrit au cœur des problèmes contemporains de la Nouvelle-Calédonie. Certes,

la société mélanésienne actuelle a dû abandonner nombre de ses pratiques d'autrefois. Le colonisateur, au nom de sa propre éthique, a mis fin aux guerres et vendettas, et démembré l'espace vivrier kanak. Ainsi, les paysans mélanésiens ont dû réduire l'étendue de leurs champs d'ignames et de leurs tarodières irriguées que Cook admirait tant. Les missionnaires ont dissuadé les Kanak de placer la manducation de chair humaine au centre des rites censés anéantir les ennemis ou reproduire la société. Ils les ont, de même, découragés de sculpter des effigies en mémoire des ancêtres. La plupart des masques, chambranles, poteries décorées et autres objets d'une grande valeur esthétique ont été détruits ou bien ornent aujourd'hui les musées d'Occident.

Mais dans les réserves où ils furent parqués, les Mélanésiens ont pu faire vivre des pans entiers de leurs savoirs naturalistes, de leur conception du monde. Cet acquis millénaire s'est perpétué, mais aussi transformé, tout au long du contact avec la civilisation occidentale telle qu'elle fut exportée outre-mer par la brutale logique du colonialisme.

Sous un vain prétexte sanitaire de l'administration française, des maisons rectangulaires en torchis, en tôle, voire en pierre ont été progressivement substituées aux cases typiquement kanak. Avec elles se sont estompés les aspects les plus visibles de l'identité mélanésienne. Protégée aussi par sa propre complexité, la société kanak – que la linguistique et l'ethnographie ne cessent aujourd'hui de décrypter – continuait toutefois de s'organiser selon des idées et des gestes d'une grande originalité. Ainsi, à partir des années 1970, l'ancienne demeure en forme de ruche réapparaît çà et là : contre le régime colonial, les Kanak brandissent alors l'étendard de leur dignité culturelle. «Nous ne voulons pas revenir en arrière», explique Jean-Marie Tjibaou. Pour les Kanak, ajoute-t-il, «vital est le besoin de se créer un environnement culturel où la modernité soit intégrée dans le souffle venu des ancêtres».

« L'étranger est arrivé pour enlever, bouleverser, disperser, exterminer. Il a tué les chefs et les hommes. Il a volé les terres.» Amer constat d'un Kanak d'aujourd'hui. Ses pères et grands-pères avaient pris les premiers Blancs pour leurs propres ancêtres. Triste malentendu. L'Occident allait installer en Nouvelle-Calédonie un double malheur : celui des Mélanésiens, celui des exclus du Vieux Monde.

CHAPITRE II
DRAME NOIR CONTRE DRAME BLANC (1853-1945)

Les Kanak pleurent leurs vallons fertiles; condamnés et communards, leur pays d'enfance et d'idéal. Les Indochinois, Javanais et autres prolétaires rêvent d'un monde meilleur. Des paysans français se tournent vers les terres promises d'Océanie. De ces détresses croisées naîtra la Calédonie profonde, la vraie.

L'Europe s'installe en Océanie

Dans le sillage de Bougainville et des trois voyages de Cook, d'autres expéditions à caractère scientifique cingleront à travers l'océan Pacifique. D'Entrecasteaux parti à la recherche de l'infortuné La Pérouse et, plus tard, Darwin rapportent des mers du Sud des descriptions et des projets où l'exotisme du XIXe siècle puise une grande part de son inspiration. Source de rêve, de mélancolie et d'utopie pour tant d'artistes et de voyageurs (Melville, Stevenson, Gauguin, London, Segalen, Gerbault, Reversy, Brel…), l'Océanie attire et fascine aussi ceux qui voient dans les archipels du Grand Océan des exutoires possibles aux problèmes de l'Europe industrielle naissante. Les paysans pauvres et les chevaliers de l'industrie et du commerce iront en Océanie chercher aventure et fortune; les missionnaires répondront à la déchristianisation de l'Ancien Monde par la conquête aux antipodes de nouvelles âmes; les militaires du second Empire prolongeront par des guerres aussi faciles que lointaines leurs espoirs d'avancement et de médailles; les politiciens, enfin, construiront des empires coloniaux qui exaltent le prestige des nations d'Europe et servent de lieux d'exil pour tous les indésirables. Ainsi, à partir de 1788, les Anglais envoient leurs condamnés (convicts) en Australie. De même, en 1842, la France se tourne vers la Nouvelle-Calédonie pour s'y débarrasser de ses bagnards.

Sur un mur de l'actuelle cathédrale de Nouméa, une plaque gravée l'explique sans ambages : «Guillaume Douarre [1810-1853], premier évêque de Nouvelle-Calédonie, a donné ce pays à Dieu.»

L'annexion de la Nouvelle-Calédonie

La concurrence entre Anglais et Français activa l'expansion européenne dans le Pacifique. Cette querelle géostratégique prit le tour d'une guerre de religion. Catholiques et protestants, exaltés par l'idée d'amener à Dieu les «derniers sauvages», se disputaient à Tahiti, aux îles Marquises, en Nouvelle-

Zélande le monopole de l'évangélisation des Océaniens. L'annexion de la Nouvelle-Calédonie en 1853 fut aussi le résultat de la conjonction des intérêts bien compris de l'Eglise et du second Empire.

Quand monseigneur Douarre débarque à Balade, le 21 décembre 1843, là même où Cook avait accosté, il est à bord d'une gabare militaire, le *Bucéphale,* commandée par le capitaine de corvette Laferrière, secrètement chargé de faire flotter sur l'île le drapeau français. Mais, pour des raisons économiques et diplomatiques, ce n'est que dix ans plus tard que Napoléon III s'empare de la Nouvelle-Calédonie : il compte y créer une colonie pénitentiaire; quant aux missionnaires de la Société de Marie (les Maristes), ils sont heureux de bénéficier du soutien de l'Etat et de l'armée pour appuyer leur implantation en terre mélanésienne.

Le 24 septembre 1853, le contre-amiral Febvrier-Despointes, sur les ordres de Napoléon III, prit officiellement possession de la Nouvelle-Calédonie, au nom de la France.

Les missionnaires aux antipodes

La propagation de la foi chrétienne dans le peuple kanak s'avéra une tâche ardue. Dès leur arrivée, les missionnaires construisent des bâtiments avec l'aide et l'accord des autochtones. En 1846, à Hienghène, monseigneur Douarre conclut un marché : «Pour un petit coffre contenant une trentaine de petites haches, un vaste terrain appartenant au *théa* [chef] fut acquis.» Mais les religieux, contrairement à Cook, ne surent pas, dans cette première période, engager avec les Kanak des échanges réciproques de biens, gages d'une bonne relation. Or, les richesses des Blancs sont d'autant plus convoitées par les Mélanésiens que ces derniers traversent de fréquentes périodes de famine et d'épidémie.

En 1846, le naufrage de la *Seine* contraint deux cents marins français à séjourner près de la Mission. Cet afflux de matelots plus ou moins disciplinés inquiète les riverains kanak. Les pères sont attaqués et pillés en juillet 1847. Chassés de Balade, ils se réfugient à Pouébo avant de quitter la Nouvelle-Calédonie. Ils y reviendront un peu plus tard pour asseoir, avec l'appui de Napoléon III, leur emprise religieuse en divers points de l'archipel : l'île des Pins (1848), Balade et Pouébo (1851), Touho et Wagap (1854), Saint-Louis près de Nouméa (1855), Bélep (1856).

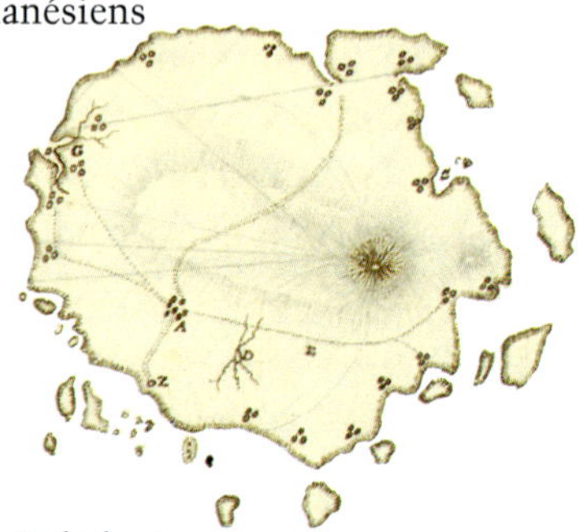

Le 29 novembre 1850, sur un îlot du Nord calédonien, des Kanak attaquent l'équipage du canot de la corvette l'*Alcmène* : douze marins sont tués, trois adoptés. La violence de l'expédition punitive qui s'ensuit sera, dit-on, tempérée par la mansuétude du missionnaire et colon Jean Taragnat (1816-1878).

Les missionnaires reprennent ensuite dans de meilleures conditions matérielles leurs efforts de christianisation. Mais les magies chrétiennes sont interprétées comme des pratiques de sorcellerie : «Pourquoi veux-tu me tuer?», demande plus d'un Kanak au père venu lui administrer l'extrême-onction. L'évangélisation se heurte au pragmatisme des Mélanésiens. Le culte qu'ils vouent à des ancêtres, divinisés ou non, cherche à rendre la nature clémente, les personnes fécondes et en bonne santé. Cette quête de prospérité, ici et maintenant, s'oppose au dogme chrétien qui subordonne l'obtention des grâces célestes à l'exercice d'une morale de la souffrance et de la contrition.

Les jeunes Kanak à christianiser sont regroupés dans des écoles attenantes aux églises fraîchement construites. Les prêtres tiennent à cultiver et à produire leur propre nourriture. Mais les terres que les Mélanésiens leur cèdent font parfois l'objet de litiges entre autochtones. Certains tentent de récupérer leur bien par la force. Impliqués dans des conflits qui les dépassent ou qu'ils utilisent à leur profit, les missionnaires sont souvent mis en difficulté, au point d'appeler les canonnières à la rescousse. Ainsi, près de Nouméa, en 1855, l'armée française, après avoir soumis par la force les populations locales, donne à la Mission de Saint-Louis près de deux mille hectares de terrain. Cette pression foncière est le plus souvent associée à un paternalisme indigénophile qui opposera longtemps les religieux – catholiques puis protestants – les uns aux autres et chacun d'eux à une Administration soucieuse avant tout de fournir en terres la colonie.

Le bagne : une politique de peuplement

Au XIXe siècle, la politique calédonienne de la France est commandée par les exigences du bagne. Les injonctions ministérielles adressées aux fonctionnaires d'outre-mer sont claires : «La Nouvelle-Calédonie est avant tout une colonie pénitentiaire. [...] Vous ne devez pas perdre de vue que l'œuvre principale qui s'impose à votre administration est celle de la Transportation.»

Convaincre les Kanak d'adopter les us et coutumes des bons chrétiens blancs; les évangélisateurs se sont attelés à cette étrange besogne en implantant sur les rivages de Nouvelle-Calédonie une vingtaine de calques tropicaux du village français type. Avec ses ateliers, sa boulangerie, ses champs, son école, la Mission, entreprise modèle de développement à l'occidentale, tente de promouvoir de nouvelles techniques (menuiserie, maçonnerie, couture) et de nouveaux savoirs (écriture, français, latin, grec, cantiques).

La loi contraint les libérés du bagne à l'exil définitif, loin de la métropole, sur la terre de la colonie pénitentiaire. Encore faut-il aider les bagnards à trouver en Nouvelle-Calédonie les moyens de leur réinsertion. Seuls 10 % d'entre eux, selon l'historienne I. Merle, recevront des terres en concession (comme, ci-contre, le célèbre condamné Berezowsky, auteur d'un attentat manqué contre le tsar Alexandre II); les autres s'emploieront tantôt dans les mines, tantôt chez les colons, ou bien subsisteront difficilement, au jour le jour, sans travail.

On appelle «transportés» les criminels qu'une cour d'assises a condamnés aux travaux forcés. La loi de 1854 prévoit qu'ils «seront employés aux travaux les plus pénibles de la colonisation et à tous autres d'utilité publique». Mais, en cas de bonne conduite, autorisation peut leur être donnée de travailler «pour les habitants de la colonie ou les administrations locales». Les condamnés peuvent aussi recevoir des concessions de terrain à cultiver pour leur propre compte. Après leur peine, ces fermes deviendront leur propriété. La France espère ainsi jouer coup double : punir les justiciables et étendre son emprise sur la Nouvelle-Calédonie par un peuplement européen.

Signe de la misère qui sévit en Europe, en plus de trente ans, de 1864 à 1897, quelque soixante-dix convois acheminent de France plus de vingt mille forçats jusqu'aux pénitenciers de Nouméa (l'île Nou), de l'île des Pins ou de la côte ouest. La loi ne

Pour peupler de Blancs la terre calédonienne, la France y envoie des navires chargés de femmes, condamnées ou orphelines.

prévoyait pas la transportation des femmes; mais cinq cents prisonnières célibataires françaises acceptèrent d'aller épouser là-bas des condamnés. Certains d'entre eux virent leurs épouses et leurs enfants autorisés à les y rejoindre. Ainsi, plus des trois quarts des ménages qui se forment alors en Nouvelle-Calédonie comprennent au moins un conjoint d'origine pénale; un demi-millier d'enfants naissent sur les concessions, huit cents arrivent de France pour retrouver leurs parents, tandis que, des unions entre libérés du bagne et femmes mélanésiennes, sont issus quantité de petits métis, incorporés tantôt au monde européen, tantôt à la communauté kanak.

Pour tous les Calédoniens, l'«autre côté», où se dressent aujourd'hui la prison du Camp Est (ci-dessus) et l'asile psychiatrique de Nouville, c'est l'île Nou, dans la rade de Nouméa. Les premiers convois de forçats durent eux-mêmes y bâtir les locaux de leur exil. A côté de grands dortoirs pouvant loger près de soixante-dix condamnés, une ferme, un hôpital, une étable, une forge, une échoppe de tailleur, des ateliers, des cellules disciplinaires et les logements des familles de surveillants. L'île concentrationnaire, désormais reliée à la ville, abritait jusqu'à deux mille personnes.

Bray

C'est à l'école agricole religieuse de la Fonwhary qu'étaient envoyés les enfants de condamnés ou de libérés affectés aux pénitentiers ruraux. Ces fils et filles de proscrits et tous les «descendants du bagne» seront longtemps snobés par les colons venus librement s'installer en Nouvelle-Calédonie. Les mariages entre les deux souches de peuplement resteront très rares. La double origine, pénale et volontaire, de la colonisation, la coupure de plus en plus prononcée entre Nouméa et la brousse, ainsi que les grandes difficultés de communication dans l'île, multiplieront les particularismes et les clivages au sein d'une population européenne en partie traumatisée par son histoire. Pour échapper au déshonneur injustement attaché à toute leur lignée, certains Calédoniens, en changeant de nom, en détruisant les archives ou par un épais voile jeté sur le passé, ont d'ailleurs fait de l'amnésie une vertu locale. Mais s'amorce aujourd'hui, chez de nombreux Calédoniens, sous l'effet sans doute des nouvelles conjonctures politiques, une volonté d'assumer le passé et même d'en restaurer le souvenir.

Rien d'étonnant, donc, à ce que, à la fin du XIXe siècle, les colons dits «libres» soient nettement moins nombreux que les pénaux.

L'importance de ces derniers, à partir de 1885, s'est encore accrue : aux condamnés à de lourdes peines, la justice française a ajouté trois mille «relégués», petits délinquants que la loi pouvait arracher aux faubourgs surpeuplés des grandes villes françaises :

«Vous savez ben, la loi nouvelle
Qui condamne le gouvernement
A m'envoyer à la Nouvelle»...

La Nouvelle-Calédonie, synonyme de malheur pour les «récidivistes», dont Aristide Bruant chante ici la complainte.

Une colonie pénitentiaire

Les dures conditions de vie infligées aux damnés de la colonie et le colonialisme lui-même ont été dénoncés avec véhémence par Léon Bloy, dont le frère Georges, bagnard, mourut en 1908, en Nouvelle-Calédonie : «Il y a des moments où ce qui se passe est à faire vomir les volcans. [...] Pour ne parler que des colonies françaises, quelle clameur si les victimes pouvaient crier! Quels rugissements, venus d'Algérie et de Tunisie! [...] Quels sanglots de Madagascar et de la Nouvelle-Calédonie, de la Cochinchine et du Tonkin!

[…] L'histoire de nos colonies, surtout dans l'Extrême-Orient, n'est que douleur, férocité sans mesure et indicible turpitude. J'ai su des histoires à faire sangloter les pierres.» A Nouméa, les relégués, sans emploi, sans aide, traînent misère et se signalent par de nombreux délits. Certains, à la recherche d'un abri et d'un peu de nourriture, demandent même à être emprisonnés. Quant aux transportés, l'Administration leur fait construire routes, ponts, quais, bâtiments, ou bien les astreint aux travaux des champs dans les centres pénitentiaires ruraux qui, aux alentours de La Foa, de Bourail, de Pouembout, détiennent l'essentiel du patrimoine foncier retiré aux Mélanésiens. Les récalcitrants connaissent le fouet, le cachot, la «double chaîne», parfois la guillotine, souvent les quartiers disciplinaires, ou bien, entre Bouloupari et La Foa, le camp Brun. Dans ce «camp de l'horreur», explique l'historien José Barbançon, «les brutalités et les sévices se multiplient, au point […] qu'un matin, sur cent vingt détenus, cent huit se présentent à la visite, dont quarante se sont mutilés volontairement pour pouvoir être évacués vers

Malgré un budget d'Etat très important, l'administration du bagne utilise à son propre entretien, sur un vaste domaine foncier, la main-d'œuvre pénale. Elle peut aussi déroger aux règles du service public en cédant à bas prix cette force de travail à des employeurs privés (mines, maisons de commerce, etc.). En 1882, le gouverneur Léopold Pallu de La Barrière (1828-1891) décide de faire bénéficier toute la colonie du labeur des forçats : organisés en «camps mobiles», ils dotent en deux ans l'île d'un réseau routier. Mais la toute-puissante administration pénitentiaire, plus jalouse de ses privilèges que du bien commun, fait rappeler le dynamique gouverneur, récupère ses condamnés et retrouve ses profits. En 1897, l'Etat français, sous la pression des Calédoniens, se décide, selon l'expression du gouverneur Feillet, à «fermer le robinet d'eau sale» : les forçats reprennent la route de Cayenne, mais la Nouvelle-Calédonie devra encore, jusqu'en 1931, s'occuper des derniers condamnés de l'île Nou.

l'hôpital de l'île Nou». Mais les prisonniers les plus dociles peuvent bénéficier d'une remise de peine. Dans ce cas, ils servent comme domestiques, «garçons de famille», affectés aux maisons bourgeoises de Nouméa, ou encore travaillent sur les propriétés des colons de brousse.

Les «libérés» font profiter le pays de leurs anciens métiers : artisans, techniciens, employés améliorent la vie quotidienne des gens de Nouméa et des bourgades de l'intérieur. D'autres, sur leurs concessions, s'accrochent aux six hectares de terre alloués par l'Administration. Encore assignés à résidence dans un périmètre restreint de circulation, ils cultivent des haricots, du tabac, du maïs, de la canne à sucre et possèdent de petits troupeaux, des volailles. Mais 20 % des condamnés seulement sont paysans d'origine. Sans expérience, découragés, beaucoup échoueront. Pour échapper à toute tutelle, ils errent alors en bandes à travers l'île, vivant de rapine, au point de susciter dans la colonie un vif sentiment d'insécurité.

Les forçats, la mine et les routes

A partir de 1891, des centaines de forçats sont employés sur les mines. Ils touchent un salaire inférieur à celui que reçoivent les travailleurs libres. Mais il incombe à l'Administration pénitentiaire de «surveiller, nourrir, habiller, coucher, hospitaliser tous les hommes mis à la disposition de la société», dans le cadre de ces «contrats de chair humaine» par lesquels l'Etat soutient directement quelques entreprises privées.

L'économie du bagne, alimentée par des subventions publiques renouvelées, entretient

En 1876, le communard déporté François Camille Cron s'écrie : «Mais hélas! quand viendra-t-il ce jour où l'on nous dira "Vous êtes libres, la République française réclame ses enfants torturés"?»

les grandes maisons de commerce de Nouméa et une population croissante de fonctionnaires. Cette situation va longtemps entraver le développement réel du pays dont, semble-t-il, la France ne s'est souciée que tardivement. Toutefois, la colonisation pénale donnera à la Nouvelle-Calédonie ses premières infrastructures importantes et, à la communauté européenne, sa principale souche de peuplement mais aussi sa plus douloureuse mémoire.

Les déportés de la Commune

Malheur aux voleurs et meurtriers venus d'une France qui souffre de sa croissance industrielle! Malheur aux révolutionnaires, aux communards! Ils connaîtront aussi l'ennui, les supplices et la mort à l'île des Pins, sur la presqu'île de Ducos ou à l'île Nou.

A partir de 1889, plus d'un millier d'hommes et de femmes d'Algérie, condamnés ou prisonniers politiques arrêtés après la révolte kabyle de 1871, ont été expédiés par voilier en Nouvelle-Calédonie. Après leur peine, dans un grand dénuement, les Arabo-Berbères survivants purent s'installer dans la vallée de Nessadiou, dite «vallée du malheur».

«Courage! Il faut savoir souffrir
Adieu! bonheur! adieu beaux rêves!
Proscrits sur de lointaines grèves
Gardons l'espoir de revenir!»

Le chant de départ des déportés rappelle leur triste aventure : quatre mille deux cent cinquante hommes et femmes, à partir de 1872, sont expédiés en Nouvelle-Calédonie; quatre cents y mourront de maladies, de désespoir, ou victimes de quelques sadiques gardes-chiourme. Obsédés par leur propre combat politique et convaincus du bien-fondé du colonialisme, flambeau de «la république universelle», les déportés ne s'intéresseront guère à la Nouvelle-Calédonie. Ils prendront même fait et cause pour les Français locaux contre les Mélanésiens, à l'exception de Louise Michel. Emerveillée par la nature tropicale, intriguée et charmée par les Kanak, ses «amis noirs», elle se consacre à l'écriture, au

Plusieurs communards dénoncent le bagne, les patrons de mine et suscitent une presse laïque. Louise Michel (1830-1905) se plut beaucoup en Nouvelle-Calédonie, au point d'écrire à Victor Hugo : «Je songe à me retirer dans une tribu canaque.»

dessin, à des travaux d'aiguille et à l'instruction des enfants européens et mélanésiens. Quand les Kanak se soulèvent en 1878, elle est parmi les rares déportés à comprendre les insurgés. Et la légende veut qu'elle ait donné son écharpe au chef de la révolte, Ataï.

Amnistiés définitivement en 1880, les communards regagnèrent presque tous la France. Seuls une vingtaine d'entre eux s'installèrent au pays de leur exil.

Succès et déboires de l'émigration volontaire

Les aventuriers des mers du Sud, trafiquants de bois de santal, pêcheurs de trépang (l'holothurie), recruteurs de main-d'œuvre et autres chercheurs d'or, furent les premiers Européens à s'installer en Nouvelle-Calédonie. L'un d'eux, l'Anglais James Paddon, qui monta un important comptoir dans la baie de Nouméa, sera, selon l'érudit mariste Patrick O'Reilly, «le premier introducteur d'immigrants

L'armateur bordelais Armand-Louis Ballande assura, à partir de 1866, la liaison régulière avec la métropole. Son fils André (1857-1937) sut profiter de ce monopole pour monter une des grandes maisons de commerce du Pacifique Sud. Les Ballande, que longtemps seuls les établissements Barrau, fondés vers 1890 à Nouméa, purent concurrencer, ont apporté un soutien actif à l'Eglise catholique d'Océanie, un de leurs principaux clients.

Nouméa, autour de la Pénitentiaire, du gouverneur, du nickel, de l'évêché et de l'import-export, voit peu à peu s'organiser de nombreux secteurs d'activité dont l'intérieur de l'île ne bénéficie pas pleinement. En brousse, missionnaires et colons introduisent de nouvelles pratiques paysannes contraires aux savoir-faire habituels des Kanak ou irréalisables dans l'espace congru des réserves. Par exemple, l'élevage ne deviendra possible sinon effectif en milieu mélanésien qu'après les premières restitutions de terres, vers 1950.

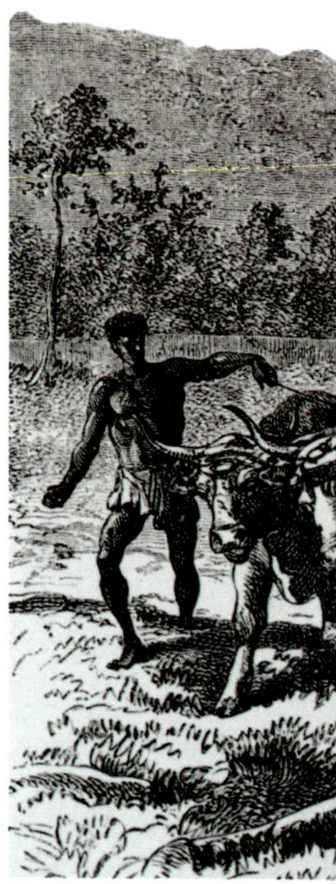

sérieux». Pour sa part, l'Administration, soucieuse de contrôler une immigration sauvage et... anglo-saxonne, incita des Français à s'implanter aux alentours de la future Nouméa. Des campagnes publicitaires vanteront, en métropole, le climat, la fertilité du sol, les riches minerais du sous-sol de la toute nouvelle colonie. Mais la propagande connut fort peu de succès. La population française, plus stable à cet égard que celle d'Italie ou d'Angleterre, n'émigre pas facilement, d'autant que le bagne puis la révolte kanak de 1878 jouent le rôle de repoussoirs. Selon l'historien Pierre Gascher, la Nouvelle-Calédonie va attirer surtout des personnes peu motivées, «des gens voulant fuir la grisaille métropolitaine ou une pauvreté obsédante». Le petit peuple de Nouméa, avec ses nombreux cabaretiers, employés du port et des grands commerces, se grossit bon an mal an de migrants d'origine disparate. Une partie d'entre eux sera invitée à tenter l'expérience rurale, celle de la brousse calédonienne.

Spéculateurs et éleveurs : le gâchis

L'Administration donne, loue ou vend aux nouveaux venus des terres souvent encore occupées par des villages kanak. Les notables de Nouméa, maîtres des mines et de l'importation, sont favorisés par la mise à prix d'espaces très approximativement délimités et par des adjudications publiques plus importantes que les concessions gratuites. S'instaure de fait une intense spéculation alimentée par la politique coloniale elle-même : «A partir de 1871, note le géographe Alain Saussol, l'argent devient la préoccupation première de l'Administration locale qui entreprend de brader les terres pour approvisionner son budget.»

Malgré ces conditions exceptionnelles d'accès à la terre, beaucoup de migrants ne parviennent pas à faire valoir leur capital. Ils abandonnent leur lopin et se replient sur Nouméa où ils y rejoignent une foule de miséreux. D'autres, plus tenaces, travaillent dur et cherchent à étendre leur domaine, en introduisant l'élevage extensif de bovins. Toutefois, à la fin du XIXe siècle, la colonisation rurale s'avère être globalement un échec.

Entre les anciens billons d'ignames mélanésiens, le colon laboureur passe sa charrue et sème. C'est à cheval qu'il va réparer ses barrières, «travailler son bétail». Un «coup» de pêche ou de chasse au cerf, de temps à autre une virée d'approvisionnement dans les «stores» (épiceries) du village européen voisin : loin de Nouméa se forment de petites collectivités blanches, repliées sur elles-mêmes.

La France australe doit beaucoup à l'Anglais James Paddon (1812-1861), premier marin et grand commerçant (d'opium, de santal, de nacre, de coprah, etc.) entre la Chine, les Nouvelles-Hébrides, l'Australie et la Nouvelle-Calédonie où il fonda, dès 1854, un important comptoir. Il introduisit dans l'archipel les premières têtes de bétail et obtint de la France une concession de quatre mille hectares au nord de Nouméa.

Une nouvelle vague de colons : les planteurs de café

A partir de 1894, l'énergique gouverneur Feillet veut redresser la situation. Il introduit, à grands renforts de publicité, une centaine de familles d'agriculteurs français, principalement dans les vallées de la côte est. A charge pour eux de cultiver du café afin de développer le pays. Quelques-uns de ces nouveaux pionniers, dont les terres proviennent des dernières réquisitions brutales du patrimoine foncier kanak, vont s'accrocher avec énergie à leurs hectares. Leurs descendants sont aujourd'hui très fiers de leurs vaillants ancêtres. Ces derniers durent improviser dans tous les domaines : relations avec les Mélanésiens, construction de leur maison, nouvelles cultures. Ils en appelèrent à l'Administration qui les avait lancés dans cette aventure. En vain. Finalement, difficultés et déceptions auront raison d'un bon nombre de «colons Feillet». L'écrivain Jacqueline Sénès s'exclame : «On la leur baillait belle avec l'idée

Les trente premières années de la colonisation rurale consacrent l'irrésistible domination des grands éleveurs de la côte ouest. Venus d'Allemagne, d'Angleterre, d'Irlande, via l'Australie, ils se taillent dans le patrimoine ancestral kanak des domaines de plusieurs centaines voire de milliers d'hectares. Le cheptel qui nourrit la colonie devient si abondant que l'élevage connaît à partir de 1880 une crise de surproduction. Aux éleveurs s'ajoutent les planteurs de maïs, de manioc, de vanille puis de café. Ils connaissent tant de difficultés matérielles qu'ils se retirent en ville à la recherche d'un emploi et installent souvent, sur leurs terres mises en métayage, des libérés du bagne. Un siècle plus tard, l'absentéisme des propriétaires caractérisera encore largement le mode calédonien d'exploitation du sol.

d'une colonie de peuplement où l'on abandonnait si vite les planteurs en des rivages déserts ou des vallées profondes, sans les suivre, les encourager, les indemniser et les conseiller à bon escient!»

La fièvre minière

La mine, plus que l'agriculture, a peuplé la Nouvelle-Calédonie. Dès 1854, James Paddon avait signalé du charbon au sud-ouest de la Grande Terre. La fièvre de l'or, repéré dans le nord de l'île, n'épargne pas non plus le pays, tandis qu'on y découvre du cuivre, du plomb argentifère, du zinc, du fer, du cobalt, du chrome et surtout, révélée en 1863 par l'ingénieur Jules Garnier, la présence de grandes quantités de nickel. Les premières mines sont ouvertes au mont Dore en 1874, à Thio en 1875. Une usine de traitement du minerai est bâtie à Nouméa en 1879. L'année suivante naît la Société Le Nickel, qui présida seule, jusqu'à la création de la Société minière du Sud Pacifique, aux destinées économiques de la Nouvelle-Calédonie.

Le café : un mirage agricole

Le gouverneur Feillet a cru pouvoir pallier le sous-développement agricole de la Nouvelle-Calédonie par l'extension de la caféiculture. Installés sur les dernières vallées de bonne terre où les Mélanésiens s'étaient réfugiés, les nouveaux colons plantent sous ombrage des milliers de pieds de *Coffea arabica.* Les cerises de café, après cueillette, sont transportées jusqu'au dépulpeur à bras ou à moteur, puis lavées et mises à sécher au soleil sur des aires de ciment. Le pilon débarrassera les grains de leur enveloppe avant qu'ils ne soient triés et mis en vrac. L'initiative, en théorie prometteuse, tourna court. «L'erreur de Feillet avait été de prôner une culture arbustive exigeante en main-d'œuvre en étranglant le bagne, principal réservoir de travailleurs. Mieux, il importait de nouveaux producteurs tout en fermant le seul marché de consommation de l'île», explique Alain Saussol. Les difficultés climatiques et les ravages causés, après 1910, par la rouille du café *(Hemilia vastatrix)* sonnèrent le glas de cette initiative agraire d'envergure.

Les petits maîtres

Les Européens de l'intérieur comme de Nouméa s'entouraient d'une abondante domesticité. Mélanésiens chassés de leurs tribus, condamnés en fin de peine, immigrants non stabilisés constituaient une population flottante très pauvre et en quête d'embauche. Mais les incertitudes économiques menaçaient de transformer les patrons et propriétaires d'hier en employés ou ouvriers de demain. Seul recours dans ce marasme chronique : l'Administration, ses dédommagements, primes et subventions. La dévastation des cultures par les sauterelles pouvait ainsi rapporter plus que la récolte. Certains Calédoniens cherchaient à passer avec les Travaux publics des contrats d'entretien de routes moins aléatoires que les bénéfices de l'agriculture; d'autant que le code de l'Indigénat réquisitionnait pour l'«entrepreneur» des travailleurs kanak sous-payés (page suivante).

La Société Le Nickel exploite aussi le chrome, le cobalt, l'antimoine. Le minerai est acheminé par rails jusqu'au port puis chargé dans des cargos à destination des usines de traitement de Nouméa. En 1884, relate le voyageur Edmond Cotteau, travaillent sur le chantier de Thio une quarantaine de Néo-Hébridais : «Il y en a toujours au moins un quart à l'hôpital, où ils meurent presque tous de phtisie.»

Orchestré par quelques patrons conquérants, l'Anglais Higginson et le Hollandais Hanckar que rejoint le baron Alphonse de Rothschild, le rush minier va drainer dans son sillage une part importante du flux migratoire qui prend progressivement racine dans l'archipel.

L'importation de main-d'œuvre

Sur les mines, sur les grandes propriétés, les colonisateurs français choisissent, dès les années 1860, d'employer une main-d'œuvre à bon marché; des travailleurs émigrés sont recrutés dans d'autres territoires ou colonies : Indiens de La Réunion, Néo-Hébridais et, quelques décennies plus tard, Japonais, Indochinois, Javanais des Indes néerlandaises. Cette politique économique, qui se tourne aussi vers des Blancs démunis (ouvriers libres ou bagnards) mais dont la population kanak locale est écartée, exerce sur des gens déracinés une autorité absolue. Plusieurs milliers d'Indochinois viendront travailler et mourir pour la Société Le Nickel dans les mines de Thio et des alentours de Nouméa. De véritables négriers capturent, dans leurs îles, des Néo-Hébridais qui

périront sur la Grande Terre sous le joug d'une exploitation forcenée. Cette traite a permis l'essor du secteur minier et, avec le secours de la main-d'œuvre pénale, l'aménagement routier et portuaire, longtemps très rustique, de l'île. Liés aux employeurs blancs qui les ont importés sous contrat et enfermés dans des ghettos installés sur les mines mêmes, les travailleurs «exotiques» – ainsi les appelait-on à l'époque – resteront pour la plupart étrangers aux Kanak, quant à eux tout aussi enfermés dans leurs réserves et totalement interdits d'expression.

L'immigration indienne, océanienne et asiatique livra ses bras et son destin à la Nouvelle-Calédonie industrielle, agricole et commerciale. Un véritable enfer pour ces déracinés, main-d'œuvre vivement souhaitée dans l'archipel tant qu'elle ne cherchait pas à y acquérir des terres.

Main basse sur les terres kanak

De 1854 à 1914, la Nouvelle-Calédonie voit s'accroître sa population non kanak. Le recensement de 1906 fait apparaître que les Mélanésiens, dont le nombre est inférieur à trente mille, ont perdu en cinquante ans plus de

la moitié de leurs effectifs d'origine, tandis que les Européens et les autres ethnies installées en Nouvelle-Calédonie totalisent au bas mot vingt-cinq mille personnes. A cet afflux correspond le développement de Nouméa. Dans l'intérieur de l'île, hormis quelques bourgades comme Bourail et Pouembout ou Thio (au pied de la mine de nickel), l'essentiel du peuplement se disperse dans des fermes, ou «stations», installées sur des domaines plus ou moins vastes. Cette expansion urbaine et rurale de la colonie prive peu à peu les Kanak de leurs terres, presque sans compensation.

Pourtant, à ses débuts, l'Administration coloniale avait reconnu les droits fonciers des autochtones. Le jour de la prise de possession, le capitaine de vaisseau Tardy de Montravel n'avait-il pas déclaré aux populations kanak de Balade : «Voulez-vous être français? Désirez-vous que votre pays soit soumis à la domination française? Nous vous protégerons, vos terres seront toujours à vous, on ne vous prendra que ce qui ne vous est pas nécessaire»? De même, dans une déclaration de janvier 1855, le gouvernement s'engageait à «acheter les terres occupées par les indigènes».

Ces belles promesses ne seront pas tenues. Le plus souvent, le colonisateur, pour dégager les espaces jugés nécessaires à son installation, ne procéda à aucune transaction. Il se contenta d'entériner, au besoin par des arrêtés, les accaparements anarchiques de terres ou, pire encore, de les faciliter en élaborant une juridiction aussi spéciale qu'hypocrite. Des fonctionnaires consciencieux ont très tôt compris que, chez les Kanak, l'accès aux terres est réglementé

Une petite horticulture maraîchère indonésienne puis la pêche tahitienne et la vente des ignames en provenance des îles Loyauté animent un marché local, freiné dans son développement par l'importation massive de produits non calédoniens.

« Aux abords de Port-de-France [rebaptisée Nouméa], tout s'est noué. C'est là que le processus confrontant les anciens maîtres du terrain et la colonisation conquérante s'est amorcé, développé et radicalisé», remarque Alain Saussol. Les communautés kanak de la région entrèrent, dès 1856, en conflit avec les missionnaires. Ces derniers transplantèrent de Balade et de Pouébo cent vingt néophytes mélanésiens pour fonder les villages catholiques de La Conception et de Saint-Louis près de Nouméa, sur les bonnes terres des Kanak du lieu.

par la propriété individuelle privée, transmise à l'intérieur de la famille ou, à défaut, du clan. En bonne logique, il aurait donc fallu négocier les transactions foncières avec chaque ayant droit. On préféra ressusciter le mythe bien colonial d'une propriété collective primitive, placée sous l'autorité d'un chef promu personnellement responsable de toute la tribu. Il suffira alors de circonvenir ou de menacer ce personnage pour avoir accès à tout un territoire, au risque de provoquer la fureur des propriétaires mélanésiens.

NOUMÉA (Nouvelle-Calédonie

L'ancienne Nouméa

Le capitaine de vaisseau Louis Tardy de Montravel (1811-1864) jeta l'ancre de la colonisation en 1854 dans le port naturel de Nouméa, bien protégé et qu'une passe accessible ouvrait aux grandes routes maritimes du Pacifique. Les Français réalisèrent dans ce site de collines dépourvu d'eau d'importants travaux. Mais le contraste avec les cités cossues d'Australie surprend encore Pierre Benoit en 1928 : «Nouméa! Une petite ville qui paraît morte tant elle dort profondément.» L'effort colonial, il est vrai, a longtemps privilégié les locaux du bagne et du nickel, au détriment d'un réel aménagement urbain. Les images d'autrefois (maisons de bois à colonnades, rues de terre et abondante végétation tropicale) portent cependant jusqu'à nous le parfum d'une époque où les passagers des trois-mâts et des steamers venaient chercher l'aventure et l'exotisme jusque dans la ville natale de Francis Carco. Le peintre de la Marine Gaston Roullet (1847-1925) nous en a laissé le souvenir (page suivante).

«Un indigène, ramassant une pierre, la mordit et la présenta à l'administrateur en disant : "Tu veux donc nous faire manger des pierres? Est-ce que tu manges ça, toi?"»

L'histoire de la présence française en Nouvelle-Calédonie est jalonnée d'affrontements sanglants. Les colons les plus entreprenants, passant de l'agriculture à l'élevage extensif de bovins, se taillent (sur la côte ouest surtout) de grands domaines. Des parodies de compromis accompagnent quelquefois les spoliations. Contre un morceau de tabac, un calicot et un peu d'alcool, les Mélanésiens exercent leur droit traditionnel d'accueil, que les étrangers blancs transforment à leur profit en droits de propriété sur des espaces aux limites non définies. Plus souvent encore, le bétail des colons saccage les champs d'ignames, les tarodières, et oblige de fait les Kanak à se replier en haut des vallées, sur les plus mauvaises terres. L'Administration, cédant parfois aux doléances mélanésiennes, tente d'imposer la clôture des pâturages. Mais les éleveurs européens font la sourde oreille et rétorquent qu'ils préféreraient voir les Kanak entourer de barrières leurs propres champs. «Le jour où mes taros iront manger votre bétail, je dresserai des clôtures autour de mes cultures», répondit amèrement le chef Ataï à la veille de la grande insurrection kanak de 1878.

Les Kanak, spoliés, se révoltent

Pour les Mélanésiens, le bilan de cette dépossession est catastrophique : «En soixante ans de colonisation, comptabilise l'historien Joël Dauphiné, les Canaques ont vu fondre l'essentiel de leur patrimoine foncier. [...] Ils sont cantonnés sur une surface dépassant légèrement les cent vingt mille hectares, ce qui

Les Kanak n'ignoraient pas l'échange au meilleur coût, l'art de vanter un produit ou de faire baisser le taux d'une transaction. Ils tentèrent ainsi de négocier l'installation inévitable des Blancs contre des clous, des outils de fer, des étoffes et du tafia. Le colonisateur préférera vite l'accaparement brutal des terres à ces courtoises mais de toute façon inégales formes de commerce.

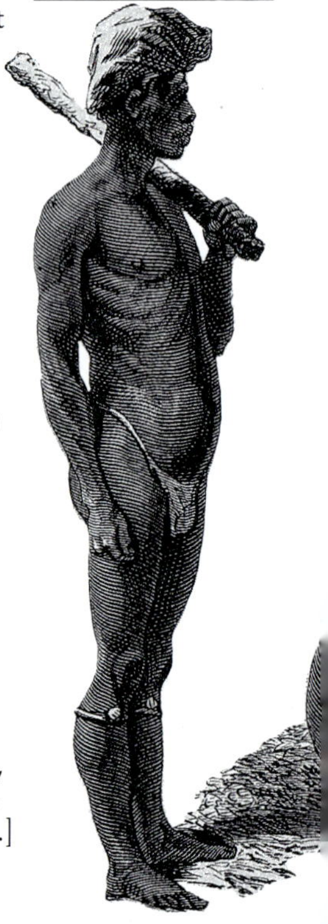

Honte de l'homme noir effaçant les pas de sa fille cédée de force à des marins européens. Récits, poésies et chants mélanésiens ont colporté jusqu'à nos jours l'histoire des humiliations, des spoliations et des violences subies.

représente à peine 7 à 8 % de la superficie totale de l'île, les Européens de brousse, cinq à six fois moins nombreux pourtant, possédant en pleine propriété ou louant au Domaine trois fois plus de terrains.»

Il n'est pas étonnant que dans les trois premières décennies de la colonisation plus de vingt révoltes éclatent. Aux casse-tête, haches, frondes et sagaies des autochtones, l'armée oppose son artillerie, ses fusils et exploite les rivalités entre Kanak. Pourchassés par des soldats qu'aident des auxiliaires mélanésiens habilement circonvenus, les «rebelles», décimés, emprisonnés,

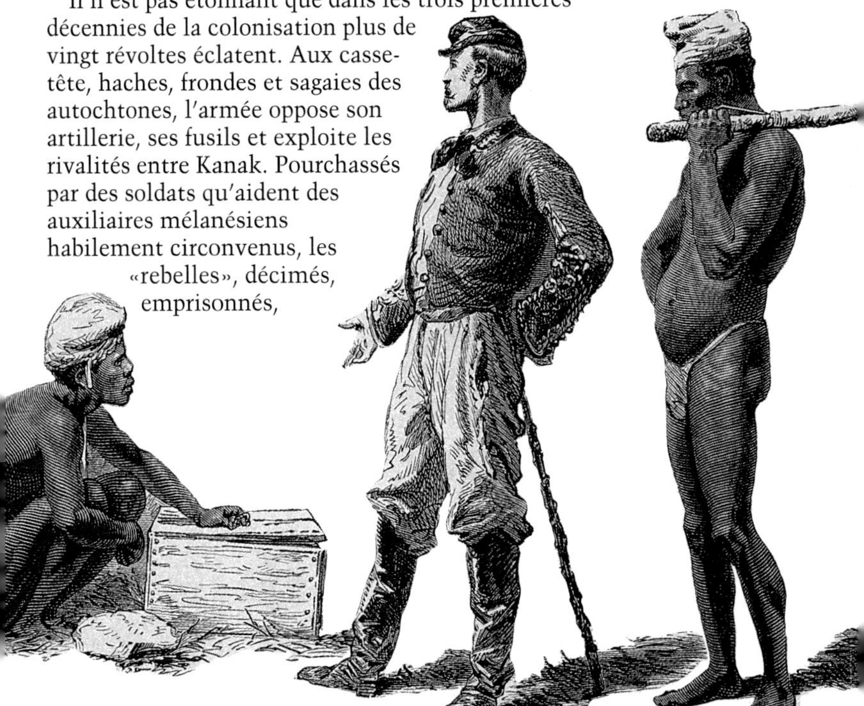

déportés ou même guillotinés, reculent et cèdent encore du terrain à leurs envahisseurs. Les ripostes aux coups de main désespérés des Mélanésiens ont semblé si faciles aux Français que l'ingénieur des mines Jules Garnier n'hésite pas à se féliciter de la situation : «Une des conséquences de ces révoltes des indigènes est qu'on s'empare aussitôt après de toutes leurs terres pour y installer des colons. Aussi, à un certain point de vue, assez bizarre cependant, il est heureux que les indigènes fassent de temps en temps quelques escapades, car leurs terres confisquées viennent aussitôt grossir la richesse publique et servir aux colons.» Ces derniers réclament ensuite à l'Administration des titres de propriété et des garanties quant aux frontières, encore incertaines, de leurs nouveaux domaines.

"Les insulaires, qui voulaient reconquérir leur sol et leur liberté, montrèrent autant de décision que d'adresse. [...] Ils prirent l'offensive, se divisant en deux fortes bandes, dont l'une marcha sur Bouloupari, tuant et incendiant tout sur son passage, menaçant même Nouméa, où s'enfuyait une cohue affolée de concessionnaires, tandis que l'autre, massacrant une quarantaine de colons échelonnés entre La Foa et Uaraï, poussait jusqu'à cette dernière localité et brûlait la briqueterie."

Charles Malato, 1894

L'insurrection de 1878

En 1876, il est décidé de délimiter les espaces où les Kanak doivent se regrouper. Les Mélanésiens comprennent que leur sort est scellé s'ils ne repoussent pas la pression blanche. Quelque temps plus tard, le chef Ataï déclenche la grande insurrection de 1878.

Pendant deux mois, Bouloupari, La Foa, Bourail, Poya et tout l'arrière-pays de ces localités de la côte ouest s'embrasent. Des dizaines de fermes sont attaquées, près de deux cents colons tués au cours des affrontements. Un moment surpris, le gouvernement engage contre les insurgés une répression lourde de conséquences. Des détachements d'artilleurs remontent dans les vallées.

Au terme de ces opérations de nettoyage, qui durèrent six mois, plus d'un millier de Kanak périrent. Les rescapés seront déportés à l'île des Pins ou à Bélep.

Dans le sud-ouest de la Grande Terre, le bagne et la colonisation pastorale exercent une forte pression sur les espaces des Mélanésiens. Ces derniers ripostent par une insurrection longuement préparée (rites guerriers, rassemblements entre clans). Les 25, 26 et 27 juin 1878, les Kanak des régions de La Foa et Bouloupari attaquent par surprise les colons et les gendarmes, faisant des dizaines de morts. Les survivants se replient vers Nouméa.

ANNÉ

LE CO

Le général Arthur de Trentinian, dans son *Rapport sur les causes de l'insurrection canaque en 1878,* accuse l'Administration d'avoir considéré les Mélanésiens comme quantité négligeable : «La terre, dit-il, est donnée de tous les côtés [aux colons, à l'administration pénitentiaire] jusque dans les vallées profondes si chères aux Canaques qui y trouvent l'épaisse couche d'humus que leurs bâtons retournent sans peine, et où les cours d'eau leur permettent d'établir leurs taros qui ne poussent qu'à force d'irrigations qu'ils savent si bien installer.» La grande insurrection kanak aura pour conséquence de refouler les Mélanésiens vers la côte est. Leurs anciens habitats seront détruits, leurs terres réquisitionnées.

Toutefois, l'Administration marque une pause dans la spoliation... avant de reprendre de plus belle, à partir de 1894, pour installer les colons Feillet. Avant 1900, les opérations de cantonnement auront, selon les termes administratifs de l'époque, «parqué dans des réserves» tous les Kanak. Les premiers habitants de l'archipel n'occupent plus alors que 10 % de la grande île. Seules les îles Loyauté n'ont pas été livrées au colonat.

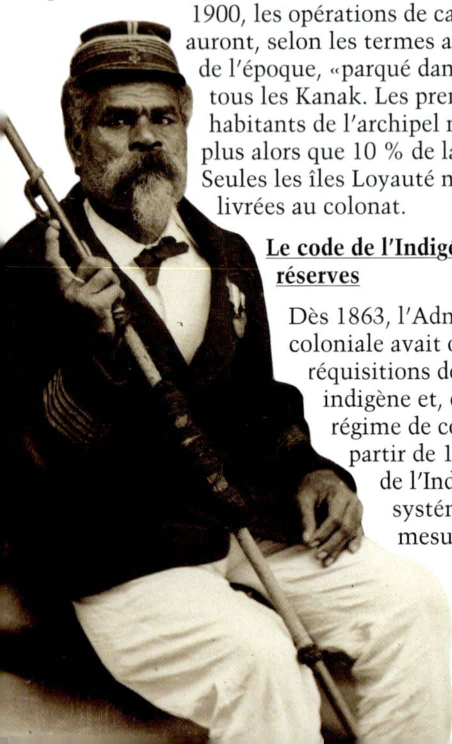

Le code de l'Indigénat et les réserves

Dès 1863, l'Administration coloniale avait organisé des réquisitions de personnel indigène et, en 1871, un régime de corvées. A partir de 1887, le code de l'Indigénat systématise ces mesures. Il fixe les périodes de travail obligatoire au bénéfice des services

Quand les Kanak reconnaissaient la tutelle de l'occupant, ils recevaient des autorités un uniforme militaire et un titre administratif de chef. Kaké (ci-contre), de Canala, obtint ces distinctions pour avoir fourni, en 1878, des troupes auxiliaires à l'armée française. Cent ans plus tard, les clans divisés par cette affaire se réconcilièrent au cours d'une grande cérémonie.

publics et des colons. Avec un salaire équivalent à la moitié ou au quart des traitements versés aux non-Kanak, chaque Mélanésien devra payer l'«impôt de capitation», considéré comme une taxe foncière due par les occupants des réserves! Ces décisions sont assorties d'un attirail répressif applicable à toute personne «qui ne jouit pas des droits attachés à la qualité de citoyen français» : interdiction de sortir des réserves sans autorisation préalable de la gendarmerie, dures sanctions (prison, amendes, atelier disciplinaire, exil) à l'encontre de comportements jugés illicites tels que la nudité, l'ébriété, la sorcellerie... Pendant un demi-siècle, jusqu'en 1946, le code de l'Indigénat, qui sévit aussi dans les autres colonies françaises, privera de toute espèce de droits la population kanak.

A l'appui de ces mesures, la philosophie coloniale, des premiers contacts au début du XXe siècle, clame à l'unisson que les autochtones, en vertu d'un darwinisme social implacable, doivent à brève échéance s'éteindre d'eux-mêmes : «Il est hors de doute que les indigènes de la Nouvelle-Calédonie

Rien ne fut fait pour atténuer les dissensions entre communautés blanches et noires. Afin de surveiller les condamnés, de pourchasser et de rattraper les évadés du bagne, l'Administration avait mis sur pied une «police indigène», travaillant en tenue traditionnelle de guerrier kanak (ci-dessous).

sont en voie de disparaître, et qu'il faudra bientôt parler d'eux au passé. La vie civilisée et la vie sauvage semblent incompatibles sur le même sol. La Nouvelle-Calédonie présente même ce phénomène, assez curieux, que le climat convient mieux aux nouveaux venus qu'aux anciens occupants du sol, aux Européens qu'aux Canaques», affirme, sans pleurer ni rire, comme la plupart des autres auteurs de l'époque, le géographe Augustin Bernard. Ces idées apportent de l'eau au moulin des Français. En laissant mourir les Kanak aux confins du pays, ils pensent alors pouvoir s'approprier à bon compte la totalité du pays.

Maurice Leenhardt, missionnaire et ethnologue

Quand le missionnaire protestant Maurice Leenhardt arrive à Nouméa, en 1902, l'Administration écrivait des Kanak : «Rien ne les relèvera plus de leur abjection, ils sont résignés à mourir.» Abandonnés à leur triste sort (les maladies, la répression, le désespoir), les Mélanésiens dérivent dangereusement vers l'autodestruction et l'extinction. Maurice Leenhardt veut mettre fin à ce drame. Contrairement

Au sein d'une société mélanésienne qui accorde une place prépondérante à l'érudition, il ne fut guère difficile à Maurice Leenhardt (1878-1954) de susciter l'émergence de lettrés d'une trempe exceptionnelle. Plusieurs d'entre eux, comme Eleisha Nébaye (ci-dessus avec Leenhardt) devinrent pasteurs ou prêtres. Ils ont développé une pensée syncrétique au carrefour des civilisations kanak et chrétienne.

à presque tous ses prédécesseurs, il associe à son ministère une humanité et une compréhension exemplaires. Son action morale et politique se double d'une œuvre ethnologique pionnière qui invite à restituer la civilisation kanak dans sa beauté et sa richesse. Le pasteur protestant reste toutefois convaincu que la colonisation française a un rôle «civilisateur» à jouer dans le Pacifique. C'est pourquoi il appelle les Européens de Nouvelle-Calédonie à plus d'équité vis-à-vis du peuple mélanésien. «A l'effort d'acculturation de l'indigène, il aurait fallu un effort correspondant d'acculturation inverse chez le Blanc», suggère-t-il à la fin de sa vie, déçu par l'intolérance des coloniaux.

Maurice Leenhardt sut redonner confiance aux Kanak dont les enfants et les petits-enfants sont les indépendantistes d'aujourd'hui. Encouragées à faire valoir leurs droits et à lutter pour la reconnaissance de leur culture, plusieurs générations de Mélanésiens ont puisé dans les enseignements du missionnaire ethnologue les moyens d'affirmer leur identité et leur dignité.

Nouméa, d'abord conçue comme une ville militaire, fit place peu à peu à l'administration et à la population civiles. Les divers projets d'urbanisme se heurtèrent à l'appropriation privée des terrains. La ville s'est donc développée sans plan préalable mais selon une logique spontanée de séparation des communautés. Ainsi aujourd'hui, les Européens occupent majoritairement les quartiers sud et centre, tandis que les Océaniens habitent plutôt au nord et à la périphérie de la ville ou bien dans des habitations de fortune.

A l'ombre d'un grand banian, quelques bourgeois de Nouméa se prélassent.

L'entre-deux-guerres : l'endormissement

Maurice Leenhardt va séjourner en Nouvelle-Calédonie à l'époque où s'ouvre pour la colonie une période de plus de trente ans d'assoupissement. Les troubles induits par le bagne ont pris fin; les insurrections autochtones ont été matées. Il en sera de même de la révolte kanak de 1917, riposte aux exactions de quelques éleveurs européens et à l'enrôlement forcé de Mélanésiens dans les bataillons de la Grande Guerre. Hormis cette fronde, bien moins importante que l'insurrection de 1878, l'entre-deux-guerres est marqué par l'emprise des Missions sur la population mélanésienne. La théocratie catholique et l'évangélisation protestante militante, mutuellement en concurrence, résorbent les dernières formes ostentatoires du paganisme kanak. Protecteurs, les prêtres et les pasteurs redonnent espoir à une société mélanésienne encore traumatisée. Après une longue période de chute démographique, la natalité kanak se ressaisit, aidée en cela par quelques mesures sanitaires et économiques. Au grand dam des colons, on accorde alors aux réserves mélanésiennes l'autorisation de produire et de vendre leur propre café, et ainsi de concurrencer les Blancs.

Quant aux broussards européens, ils espèrent bénéficier du désenclavement de l'intérieur

qu'annoncent les grands travaux (routes, ponts) entrepris par l'Etat à l'instigation de Joseph Guyon, gouverneur de la Nouvelle-Calédonie de 1925 à 1932. Mais le projet n'est pas mené à terme et la crise de 1929 entraîne une chute des cours du nickel et un appauvrissement général de l'île. De fait, dans les années trente, une économie de troc et de quasi-autosubsistance est improvisée par les colons ruraux les plus démunis; des échanges de produits et de services les rapprochent alors parfois de la population mélanésienne qu'ils emploient. Dans la difficulté, les Européens de brousse adressent aux classes plus aisées installées à Nouméa d'amères récriminations. A cette époque, le fossé se creuse au sein de la communauté européenne entre ruraux et citadins.

La communauté européenne

Après les affrontements, la misère et les violences, conséquences du bagne et d'une politique à l'emporte-pièce, la société immigrée blanche de Nouvelle-Calédonie s'apaise et s'organise. Mais les séquelles de son histoire originelle pèseront encore longtemps sur ses habitudes, sur sa mentalité.

A la fin du XIXe siècle, sont ouvertes près d'une quarantaine de mines. Du tiers d'entre elles, on extrait du nickel mais l'or, le chrome, le cobalt, le cuivre, le gypse, la houille, le zinc ou le phosphate attirent aussi les aventuriers du minerai. Ils tentent leur chance avec des moyens souvent rudimentaires. Beaucoup de ces efforts resteront sans lendemain. Seuls le nickel et le chrome tiendront leurs promesses. L'image idéalisée du pionnier doit beaucoup à l'épopée de la mine.

A la veille de la Seconde Guerre mondiale, la population européenne de Nouvelle-Calédonie a, pour ses souches les plus anciennes, tout au plus soixante-quinze années de présence sur le «Caillou». Les descendants des tout premiers aventuriers, venus de métropole et d'Australie, colons d'origine française, allemande, anglaise ou irlandaise, côtoient les petits-fils des bagnards et les enfants des colons Feillet. Agriculteurs et éleveurs, grands et petits, propriétaires de mines et ouvriers, gros bonnets du commerce et employés, forment une société en baisse démographique (dix-huit mille personnes en 1939) et fortement hiérarchisée. Les colons libres ne se mêlent pas aux descendants de condamnés et de relégués; la bourgeoisie d'affaires de Nouméa regarde de haut les paysans de brousse; en l'absence (jusque dans les années vingt) de syndicats, les patrons tout-puissants du nickel tiennent les travailleurs sous tutelle. Ces différentes strates du monde européen sont en compétition pour les terres, les emplois et les faveurs de l'Administration.

Les maîtres, les pauvres et les autres

Restent exclus du système les Kanak dans leurs réserves et, regroupés sur les chantiers de mine dans des gourbis insalubres, les Asiatiques, les Indo-Javanais et Vietnamiens, main-d'œuvre importée sous contrat.

Pour atteindre la mine à ciel ouvert de Thio, il fallait gravir une colline abrupte. Deux heures de marche à pied jusqu'au sommet, dans les pierres, les broussailles, écrasées de soleil ou de pluie. Le sentier longeait une voie de chemin de fer, celle qu'empruntaient les wagonnets chargés de nickel. Le convoi traversait plusieurs tribus mélanésiennes et, en saison sèche, les escarbilles jaillissant de la locomotive enflammaient souvent les cultures et les cases. Ni les Kanak, ni le personnel n'avaient le droit de monter dans ce train. Seuls les cadres du nickel échappaient à la pénible ascension pédestre, infligée aux ouvriers par d'implacables pratiques discriminatoires. Les maîtres blancs voyageaient dans un «wagon-salon», confortable voiture

Rouge avec des veines vertes est la pierre friable où dort le vieux Nick, ce gnome des montagnes allemandes qui donna son nom au nickel. On l'exploite à ciel ouvert. A la pelle, à la pioche (aujourd'hui au bulldozer), de larges marches sont découpées dans le massif. La caillasse est passée au crible, transportée jusqu'à l'usine de Nouméa d'où, après concassage et fusion, sortiront les lingots de métal. Pour une tonne de minerai, 120 kilos de ferro-nickel et 750 kilos de scories. Si désormais les pouvoirs publics s'efforcent de faire protéger l'environnement, pendant un siècle (1880-1980) la mine a pollué les rivières et l'atmosphère en maints endroits du superbe pays calédonien. Actuellement, le nickel, extrait à Kouaoua et Thio par la Société Le Nickel (nationalisée), dans la Province nord par la Société minière du Sud Pacifique (S.M.S.P.), et en divers sites de la côte ouest, par quelques entreprises privées, fournit 10 % du P.I.B. de la Nouvelle-Calédonie.

richement meublée et munie d'un bar. Au-dehors, parfois, quelques Kanak parvenaient à s'agripper en marche à un wagonnet et à se coucher sur une natte posée à même la boue rouge du nickel.

Ces souvenirs d'un vieux Calédonien, ancien employé de la Société Le Nickel, révèlent l'implacable dureté de la colonie d'alors, y compris pour une partie des colonisateurs eux-mêmes. Injustice, arbitraire, absence de droit du travail : sous le regard lointain ou complice de l'Etat français, l'expansion capitaliste outre-mer a imposé sa poigne de fer à nombre de «petits Blancs». Mineurs, dockers, trimardeurs en tout genre, les descendants de libérés ou de relégués et autres gens sans terre et sans métier, furent aussi les prolétaires d'une aventure coloniale voulue et pensée en dehors d'eux par une minorité d'affairistes.

Les broussards

Quant au paysan français de Nouvelle-Calédonie, il n'a, en général, guère fait fortune. Sur les terres confisquées aux Kanak ont été constituées de très grandes propriétés et beaucoup de petites, isolées, mal équipées et d'une rentabilité médiocre. Pourtant, les premières vagues de colons, libres et pénaux, avaient, au XIXe siècle, fait preuve d'un dynamisme certain en s'essayant à planter du maïs, de la luzerne, des légumes, du riz dans les anciens champs mélanésiens de taros et d'ignames. L'humidité, la chaleur, les cyclones, les sauterelles, les parasites et l'absence d'émulation économique eurent raison de ces efforts européens sous climat tropical. Les enfants puis les petits-enfants des pionniers ont progressivement préféré à la polyculture laborieuse et aléatoire de leurs pères l'élevage extensif de bovins. Nécessitant peu de soins et subventionnés par l'Etat, les troupeaux, souvent à demi sauvages, ont permis à une petite paysannerie blanche de vivoter. Sur leurs domaines ou «stations»,

Dans les années 1880, échauffés par des espoirs de fortune rapide, s'improvisent des prospecteurs parcourant la Grande Terre à la recherche d'une pépite d'or, d'un filon de nickel ou de cobalt. Mais leur hardiesse, parfois naïve, ne résistera pas aux gros capitaux des magnats de la mine.

dans les plaines de la côte ouest, les vallées encaissées de l'est ou du nord, les broussards sont devenus ces *stockmen,* ces cow-boys dont le Calédonien Georges Baudoux a brossé un portrait pittoresque : «A la vie rangée, calme, sans à-coups, il préféra la liberté, le grand air, l'espace, l'imprévu. La vie plus mouvementée de la brousse l'attirait, il aimait le cheval fougueux, les montagnes escarpées, les ravins abrupts, les rivières ombreuses, et les forêts humides où l'on s'enfonce dans des tapis de verdure.»

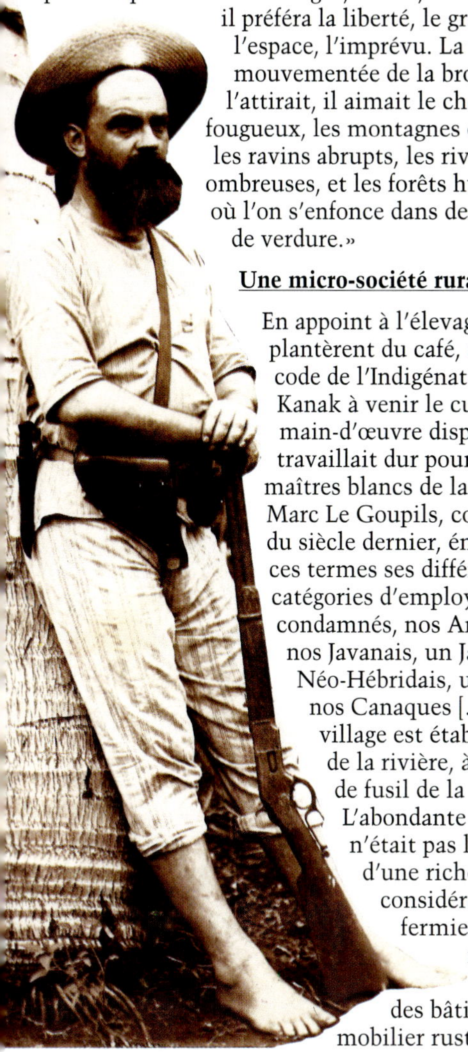

Une micro-société rurale

En appoint à l'élevage, les colons plantèrent du café, tant que le code de l'Indigénat obligea les Kanak à venir le cueillir. Une main-d'œuvre disparate travaillait dur pour les petits maîtres blancs de la brousse. Marc Le Goupils, colon à la fin du siècle dernier, énumère en ces termes ses différentes catégories d'employés : «nos condamnés, nos Annamites, nos Javanais, un Japonais, nos Néo-Hébridais, un Malabar, nos Canaques [...] dont le village est établi au bord de la rivière, à une portée de fusil de la maison». L'abondante domesticité n'était pas l'indice d'une richesse considérable. Le fermier calédonien ne peut exhiber que des bâtiments et un mobilier rustiques,

L'ombre des pénitenciers, les révoltes kanak et l'échec économique de la colonisation ont incité les peintres, écrivains et poètes occidentaux de renom à choisir comme source d'inspiration plutôt Tahiti que la Nouvelle-Calédonie. Mais l'archipel a attiré des explorateurs-savants-inventeurs comparables à ceux qu'exaltent les romans de Jules Verne : par exemple, l'ingénieur des mines Jules Garnier (1839-1904), dont le nom est aussi celui du nickel (la «garniérite»), ou le naturaliste, entomologiste, océanographe et ethnographe Philippe François (1859-1908) (ci-contre) qui mena plusieurs expéditions scientifiques aux Nouvelles-Hébrides et sur les côtes calédoniennes. Ces esprits indépendants et originaux ont doté la Calédonie d'une tradition patriote, anticléricale, voire franc-maçonne, aujourd'hui toujours vivace.

quelques chevaux, un potager, des armes de chasse, des kilomètres de barrière délimitant, bien approximativement, les grands espaces où erre un bétail difficile à rassembler.

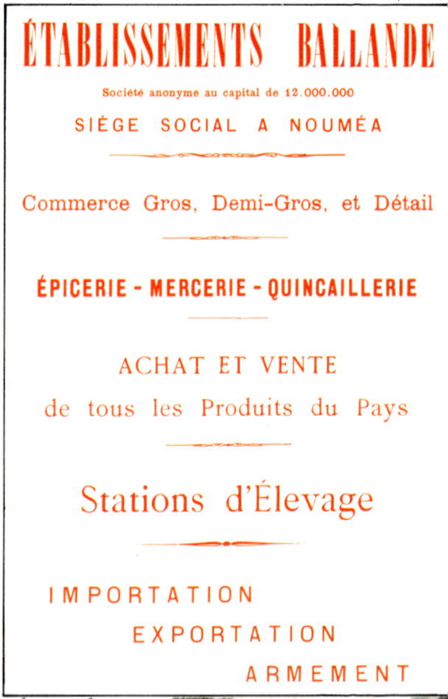

La morale des vainqueurs

Chez les cow-boys français, la pauvreté relative, prélude fréquent à la faillite, coexiste avec un extravagant sentiment de supériorité raciale. Comme les petits Blancs d'Afrique du Sud (ou comme certains pieds-noirs), nos compatriotes expatriés dans le Pacifique éprouvent beaucoup de difficultés à établir des relations égalitaires avec les civilisations autochtones, en l'occurrence celle des Kanak. Aux premiers temps de la colonisation, ils ont pourtant souvent pris femme chez ceux qu'ils appellent avec distance les «indigènes». A leur contact, par mimétisme inconscient, ils ont même parfois adopté des attitudes mélanésiennes. Si l'image du colon calédonien (récemment baptisé «Caldoche»), fort en gueule, jovial et un brin matamore, retient surtout l'attention, il ne faut pas méconnaître pour autant ces broussards à la peau sombre, à la parole rare, basse et timide, fortement influencée par le vocabulaire et la syntaxe des langues kanak.

Entre ruraux colonisés et ruraux colonisateurs a pu parfois s'instaurer, sur fond de méfiance mutuelle, un sentiment de complicité familière, contre l'Administration, contre Nouméa. Mais ces rapprochements par l'alliance et le voisinage, par l'entraide ponctuelle ou l'intérêt n'ont pas forgé un véritable métissage culturel. L'inégalité économique et politique, établie et perpétuée par l'appareil colonial, a entretenu chez les Blancs des privilèges, tantôt dérisoires, tantôt exorbitants. Pour légitimer cette situation, ils ont développé des préjugés désobligeants mais tenaces à l'égard d'une société kanak spoliée, marginalisée et finalement ignorée.

«Ici, nous sommes tous un peu racistes», affirmait encore en 1984 le maire de Nouméa, Roger Laroque. Fidèles à toutes les idéologies de conquête, les Européens du Pacifique Sud (l'Australie n'échappe pas à la règle) ont brossé le portrait d'une culture mélanésienne «sauvage» et sans valeur. Souvent déconsidérés dans leur pays d'origine, les Occidentaux des mers du Sud, bagnards, exclus ou nécessiteux, ont sans doute ainsi cherché à se décharger sur les colonisés d'une image pénible d'eux-mêmes. D'où leur énergie ambiguë, et parfois meurtrière, à nier l'identité kanak pour mieux, en creux, affirmer la leur et perpétuer l'ordre social qui les a miraculeusement promus. Deux communautés ont ainsi cohabité sur le même sol, prisonnières d'une histoire et d'un système qui les plaçaient de façon inexorable en position d'affrontement.

Apreté des paysans français expatriés, nuit du bagne, routine désabusée des fonctionnaires de passage, sourde colère des Kanak... Miné dès l'origine, l'édifice colonial cherche pourtant à donner de lui-même une image ordonnée et martiale (ci-dessous, photo prise vers 1930). Mais les tartarinades n'arrêtent pas l'Histoire.

« Il faut se rappeler, pour comprendre notre malaise et nos aspirations, que nous ne sommes pas encore décolonisés. Ce monde moderne, que nous n'avons pas encore exorcisé, continue à porter la marque d'une colonisation qui nous diminue, qui nous châtre. »

Jean-Marie Tjibaou, mars 1984

CHAPITRE III
COLONIE CONTRE DÉMOCRATIE

Le principe de continuité territoriale, support indivisible de la nation, coupait la Nouvelle-Calédonie de son environnement géographique. En 1998, avec l'accord dit «de Nouméa», les Calédoniens et le gouvernement français se sont enfin résolus à inscrire pleinement cet ancien Territoire d'Outre-Mer dans son espace économique et politique naturel, le Pacifique Sud.

Avril-mai 1946. Le gouvernement De Gaulle met fin à l'enfermement des Kanak dans les réserves et démocratise les règles du jeu politique. Cette ouverture permettra aux Calédoniens d'expérimenter les possibilités et les limites des institutions républicaines version DOM-TOM.

Coup de balai dans des institutions archaïques

Quand éclate la Seconde Guerre mondiale, les populations très différentes qui demeurent en Nouvelle-Calédonie sont reliées entre elles par les exigences d'un système typiquement colonial. Une minorité d'Européens, soutenue par les armes, l'argent et les lois d'une métropole lointaine, tire de la marginalisation des Kanak et du labeur de la main-d'œuvre, indochinoise et indonésienne surtout, les moyens d'une domination sans partage. Cet édifice social pyramidal dont la genèse fut tumultueuse s'est peu à peu figé. Les maîtres du pays, enfermés dans une vie routinière, régulent les tensions (grèves, infractions, désordres) de façon arbitraire et brutale. Les travailleurs importés, privés de droits, triment dans les mines, sur les propriétés pastorales ou pour les maisons de commerce, tandis que les Kanak survivent, plutôt mal que bien, dans l'espace congru des réserves. Après la révolte et le désespoir, exilés et colonisés semblent alors enfoncés dans la plus triste des résignations. Il n'en est rien. L'espérance renaîtra avec une force croissante dès que l'étau se desserrera quelque peu, sous la pression du monde extérieur.

L'arrivée des Américains : les miracles de la technique et la fin d'une certaine torpeur

La guerre du Pacifique porta à la société calédonienne un premier coup, cinglant. En 1942 débarquent sur une Nouvelle-Calédonie ankylosée plus de cent mille soldats américains, soit plus de deux fois la population de l'archipel. Ils apportent leur matériel ultramoderne, leurs dollars, leur formidable esprit d'entreprise et d'innovation. Le choc moral n'est pas moins grand : les Mélanésiens remarquent que des officiers noirs commandent de simples soldats blancs... Les Américains donnent l'exemple d'un dynamisme qui ne semble pas s'embarrasser de préjugés sociaux et raciaux.

Quelques années plus tard, la vieille société coloniale se trouve encore placée au cœur de changements qui la contestent : en 1946, un décret gouvernemental abolit le code de l'Indigénat et la nouvelle constitution donne la citoyenneté française aux Mélanésiens comme à toutes les autres ethnies non européennes. Formellement, une colonie

Dès septembre 1940, la Nouvelle-Calédonie se rallie à la France libre. Le Territoire accueille ensuite le quartier général de l'U.S. Army, engagée dans la reconquête du Pacifique Sud. En trois ans, plus d'un million d'Américains transitent par la Grande Terre. Ils développent le pays (routes, aéroports, matériel agricole nouveau) qui connaît alors une prospérité inouïe. En 1984-1985, l'Americal, association calédonienne proaméricaine, rassemblera plus de cinq mille personnes réclamant que l'archipel devienne un Etat d'Amérique.

française devient Territoire d'Outre-Mer; mais, dans la pratique, les pesanteurs du système antérieur freineront les évolutions soudain rendues possibles. Héritage colonial contre démocratie; la Nouvelle-Calédonie n'est pas, aujourd'hui encore, sortie de cette contradiction.

«Deux couleurs, un seul peuple»

Dans l'après-guerre, l'accès au droit de vote et à la libre association pour tous offre, pour la première fois, aux communautés du Territoire les conditions d'une compétition politique ouverte. Un peu plus tard, en 1956, la Loi-Cadre, dite loi Defferre, entend faire participer directement toutes les ethnies, et en particulier les Mélanésiens, à la gestion des affaires locales. Ceux qui, dans la situation politique antérieure, s'estimaient bafoués, exploités ou laissés

Les industries de Nouvelle-Calédonie se modernisent et se développent; le pays s'enrichit et diversifie ses activités (petit commerce, tourisme, transports urbains, enseignement, etc.). Mais dans la concurrence pour les emplois, Kanak et colons de brousse, sous-qualifiés, se font doubler par les «Z'oreilles», métropolitains nouvellement arrivés qu'une administration vite pléthorique favorise.

IL EST FINI, LE TEMPS DES COLONIES !

pour compte, vont s'engouffrer dans cette brèche. Ils se heurteront aux plus fervents défenseurs du modèle colonial.

Au début des années cinquante, broussards, ouvriers et Kanak se regroupent dans le premier parti d'opposition, l'Union Calédonienne (U.C.). Cette formation reste fermement contrôlée par les Eglises protestante et catholique qui invitent les mécontents à avancer des revendications respectant l'ordre établi. L'U.C. n'en formulera pas moins un programme réclamant pour les Kanak la possibilité d'accéder au statut de fonctionnaire, l'égalité des salaires, la construction d'écoles et de dispensaires. Les progrès sociaux escomptés doivent, selon l'Union Calédonienne, établir une juste parité entre Noirs et Blancs et restaurer la dignité du peuple mélanésien. Mais les traditions ségrégationnistes tenaces de la société calédonienne auront raison de ces aspirations.

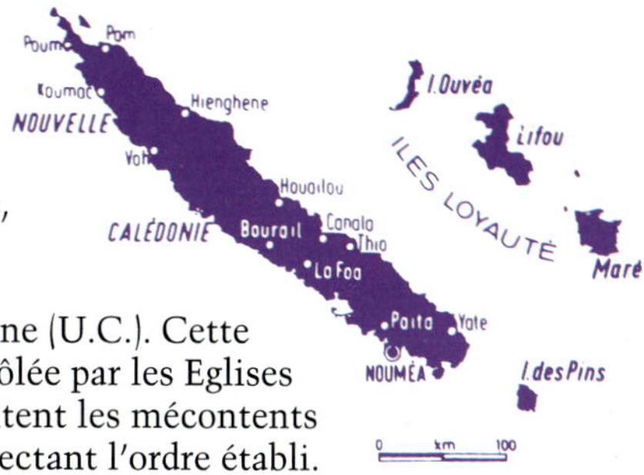

La République coloniale, l'atome et le nickel (1963-1981)

Quand l'Union Calédonienne remporte, à partir de 1953, plusieurs élections et s'affirme comme un parti pouvant diriger la politique locale, les conservateurs du Territoire recourent à l'illégalité (opérations de commandos contre des élus, attentats, etc.) pour rester au pouvoir. Le gouvernement laissera faire. Abandonnant toute idée d'autonomie interne et de décolonisation, il juge alors que les nouveaux intérêts de la France dans le Pacifique Sud doivent l'inciter à conserver coûte que coûte la Nouvelle-Calédonie sous sa tutelle directe. Au moment même où, en 1963, la Polynésie française devient un site d'expérimentations nucléaires, les lois Jacquinot suppriment les dispositions libérales de la Loi-Cadre; puis, en 1969, les lois Billotte assurent à la métropole un ferme contrôle des mines calédoniennes. Cette

Après-guerre, une propagande communiste incite les Kanak à exiger que toutes leurs terres leur soient restituées. Mais la reprise en main de l'émancipation mélanésienne par les églises limitera les revendications à la demande d'une autonomie interne. Celle-ci, plusieurs fois repoussée, cédera finalement la place à l'idée d'une «indépendance kanak socialiste».

reprise en main renoue avec la tradition autoritaire d'antan, qu'une formidable montée des cours du nickel vient encore conforter.

Entre 1969 et 1972, la flambée des prix du minerai vert suscite une euphorie économique sans précédent. Les villas, les hôtels, les bateaux de plaisance fleurissent alors dans «Nouméa la Blanche», devenue en quelques années une petite capitale aux charmes californiens. Mais une fois de plus, les Mélanésiens ne sont pas conviés à prendre part au festin. Bien au contraire : la remise en selle de la bourgeoisie nouméenne, l'afflux d'argent et la relance du peuplement blanc prennent à revers les évolutions que l'Union Calédonienne avait impulsées et appelées de ses vœux. Ce retour de bâton accroît les tensions et déclenche l'essor d'un nationalisme kanak qui va ouvertement contester la présence française.

Plus radicaux que leurs aînés, les jeunes Kanak d'après 1968 tentent de faire progresser les idées d'égalité et de justice pour tous. Ils créent le Groupe 1878 et le mouvement des Foulards rouges, à l'origine du Palika et qui se réclament d'Ataï.

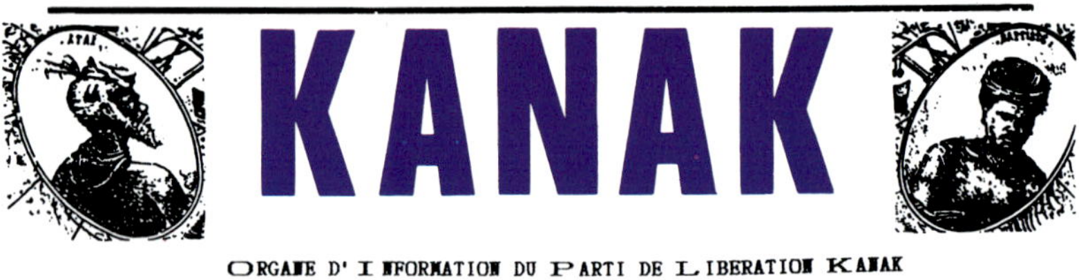

Le réveil mélanésien : Kanak et fier de l'être

Inspirés par les luttes du tiers monde et la contestation étudiante en Europe, les tout premiers bacheliers kanak dénoncent par des gestes spectaculaires, à partir de 1969, la marginalisation économique et le racisme qui frappent leur communauté. Dans la foulée apparaissent de nouveaux partis politiques (principalement le Parti de Libération Kanak, PALIKA; le Front Uni de Libération Kanak, F. U.L.K.; l'Union Progressiste Mélanésienne, U.P.M., etc.) qui appellent les «colonisés et exploités» de Nouvelle-Calédonie à lutter contre l'affairisme et, bientôt, pour la première fois, à soutenir le principe d'une indépendance du peuple kanak. La soif de justice des Mélanésiens liera désormais indissolublement revendication de souveraineté et revendication foncière.

La riposte française : «planter du Blanc»

Dans les années soixante-dix, cette expression du mécontentement kanak se heurte à l'option répressive (emprisonnements, intimidations) des gouvernements Pompidou et Giscard d'Estaing. Contre les autochtones, l'Etat français engage alors une politique démographique envahissante. Pour endiguer le courant contestataire mélanésien, le Premier ministre, Pierre Messmer, appelle, en 1972, à «l'immigration massive [vers la Nouvelle-Calédonie] des citoyens français métropolitains ou originaires des Départements d'Outre-Mer». Quelque vingt mille personnes, Français de métropole et rapatriés d'Algérie et du Maroc, viennent chercher dans l'«île de Lumière» le soleil, les bénéfices rapides, les avantages fiscaux et les indexations de salaires dont sont prodigues les Territoires d'Outre-Mer. Quant aux travailleurs nécessaires à l'essor économique du moment, ils sont importés de Tahiti, des Antilles et,

La participation aux institutions françaises (municipalités, Parlement, administrations) ouvre les Kanak à un réexamen de leurs valeurs traditionnelles. Comment concilier la gérontocratie, le monopole masculin du pouvoir et les intérêts des clans avec le suffrage universel, l'émancipation des femmes et une morale d'Etat surplombant les droits privés? Les principaux responsables mélanésiens ont tiré parti des apports occidentaux pour lier l'exigence d'indépendance à la démocratisation de la société kanak. Cette double ambition appelle à surmonter l'échec scolaire et professionnel qu'entretient un système éducatif calédonien à deux vitesses. Si Nouméa-centre ville offre des enseignements de haut niveau, en brousse et en banlieue, les Mélanésiens souffrent dans leurs études d'énormes difficultés matérielles (transports, ressources) et pédagogiques (faible place de la culture océanienne dans les programmes, inégale formation des maîtres). Ainsi, en 1985, moins de 8 % des Kanak d'âge scolaire obtiennent le baccalauréat.

surtout, d'une autre possession française dans le Pacifique, Wallis-et-Futuna. Ces mouvements de population rendent rapidement les Kanak minoritaires. Pour tenter d'apaiser leur grogne, Paul Dijoud, ministre des DOM-TOM, décide, en 1978, une réforme foncière et un soutien au développement agricole mélanésien. Importante, quoique tardive, réaction; mais les Kanak veulent désormais davantage : une véritable décolonisation.

La radicalisation

En 1977, lasse d'être privée de l'outil institutionnel (l'autonomie interne) qui permettrait peut-être de combattre les iniquités criantes du Territoire, l'Union Calédonienne rejoint les tenants de l'indépendance kanak. La plupart des Européens membres de l'U.C. s'inquiètent de ce changement d'attitude et se tournent vers le R.P.C.R. (Rassemblement pour la Calédonie dans la République), branche locale du R.P.R. de métropole. S'y regroupent aussi, pêle-mêle, tous ceux qui s'opposent à l'émergence d'un pouvoir mélanésien respecté. La bipolarité politique de la Nouvelle-Calédonie creuse ainsi un fossé entre deux blocs historiques : celui des autochtones et celui des gens venus d'ailleurs.

1981-1984 : l'échec de la troisième voie

En 1981, l'arrivée de la gauche au pouvoir relance les espérances des indépendantistes et, du même coup, irrite ceux qui souhaitent une reconduction pure et simple de la situation du Territoire. Seuls quelques élus calédoniens, plus modérés et convaincus que les Mélanésiens ont un rôle d'avenir à jouer dans la transformation du pays, permettent à une nouvelle majorité de se dégager : leur parti (la F.N.S.C., Fédération pour une Nouvelle Société Calédonienne) s'allie au Front Indépendantiste (F.I.) constitué en 1979 et assume avec lui, deux années durant, les responsabilités du pouvoir local. La gauche peut ainsi renouer avec la tradition réformiste de la quatrième République. Elle instaure un impôt sur le revenu en 1982, réduit les indexations de salaires des fonctionnaires et s'efforce d'insérer l'intérieur de

l'archipel dans l'économie globale de la Nouvelle-Calédonie. Mais cette louable recherche d'une voie moyenne entre l'indépendance et la perpétuation des pesanteurs coloniales n'est plus adaptée aux affrontements politiques tranchés, voire aux violences, qui s'annoncent sur le Caillou.

Quand il s'avère que le gouvernement et François Mitterrand ne s'inscrivent plus dans la logique de l'indépendance, les anti-indépendantistes multiplient les réactions d'hostilité aux évolutions que les autorités s'efforcent de promouvoir. Tandis que le Front National s'implante en Nouvelle-Calédonie, la base électorale des responsables politiques de la F.N.S.C. – qui travaillent avec les indépendantistes –

Jacques Lafleur (à droite) s'est posé en ardent défenseur de la présence française en Nouvelle-Calédonie. Président du R.P.C.R., il est apparu tantôt étroitement lié au R.P.R. et à l'U.D.F., tantôt soucieux de se dégager de leur emprise pour modérer ses partisans (1984) ou contribuer, avec Jean-Marie Tjibaou, à l'avènement d'une période de paix (1988).

fond rapidement. La reconduction de la coalition au pouvoir s'annonce dès lors totalement compromise par les élections qui doivent, en 1984, renouveler l'Assemblée territoriale.

Piégés par le principe démocratique «un homme, une voix», les Kanak ne peuvent escompter que 30 % des suffrages. L'accès à l'indépendance par le verdict des urnes leur est barré à moins qu'on ne limite le corps électoral non mélanésien aux seuls immigrés de longue date, ayant au minimum un parent né sur le Territoire. Georges Lemoine, alors ministre des DOM-TOM, repousse, dans un nouveau projet de statut (printemps 1984), cette exigence des indépendantistes qui, excédés, créent le Front de Libération National Kanak Socialiste (F.L.N.K.S.) en août 1984, et appellent au boycottage actif du scrutin prévu pour le 18 novembre de la même année.

Les événements

Ce jour-là, les militants du F.L.N.K.S. s'opposent par la force au déroulement du vote. Dans les semaines suivantes, les terres des colons sont occupées, beaucoup de leurs maisons brûlées, leurs armes confisquées. Les Européens anti-indépendantistes, par la voix du R.P.C.R. que relaie en France l'opposition, demandent à l'Etat de rétablir l'ordre et de défendre les institutions territoriales qui leur assurent une majorité électorale. En une année, ces affrontements entre communautés auront coûté la vie à une vingtaine de personnes (quinze Mélanésiens et six Européens, dont un gendarme).

Le gouvernement, voulant éviter une confrontation meurtrière avec une population mélanésienne dont il comprend la mauvaise humeur, désarme les gendarmeries. Désespérés de se sentir abandonnés,

«Terre kanake
Terre brisée
Terre brimée
Terre aimée.»
Déwé Gorodé

de nombreux colons se réfugient à Nouméa. Mais à Hienghène, une dizaine d'entre eux, le 5 décembre 1984, assassinent dix militants du F.L.N.K.S. dans des conditions atroces. Toutefois, le lendemain, le leader du F.L.N.K.S., Jean-Marie Tjibaou, appelle les indépendantistes à lever les barrages routiers et à accepter le dialogue avec le nouveau chef du Territoire que le gouvernement vient de nommer : Edgar Pisani.

“Notre premier objectif, c'est d'obtenir le pouvoir politique [...]. Avant la fin de cette année, le sort du peuple kanak est en train de se jouer [...]. Le combat va être dur. Il faut bien savoir que le 18 novembre 1984, pour réussir le boycott actif des élections, il faudra peut-être oublier la morale, oublier la loi.”

Eloi Machoro,
1er novembre 1984

Les femmes de Hienghène suivent en pleurant les dépouilles de leurs morts. La colonie a tué en renouant avec ses réflexes rageurs des premiers temps. Au procès, à Nouméa, les avocats du F.L.N.K.S. opteront pour une défense politique globale. Les jurés, acquis aux idées «loyalistes», s'écartent alors eux aussi des faits et ripostent par l'acquittement des prévenus. Ce déni de justice porte en germe les drames d'Ouvéa (1988 et 1989).

Le plan Fabius-Pisani

L'ancien ministre du général de Gaulle propose alors une solution politique : l'«indépendance-association», à laquelle le Territoire devrait accéder par référendum. Ce dispositif initial, amendé par le Premier ministre Laurent Fabius, évoluera vers un découpage en quatre régions, dont deux au moins seront contrôlées par le F.L.N.K.S. Le projet est soutenu par un plan de développement économique qui distribue les responsabilités et subventions au profit des zones gérées par les Kanak. Malgré une série d'attentats hostiles aux indépendantistes et aux initiatives socialistes, ce plan se met en place avec les élections régionales de septembre 1985. La paix se réinstalle. Mais le retour de la droite au pouvoir, en mars 1986, va sonner le glas d'une expérience qui invitait les Calédoniens, autour d'un effort économique partagé, à surmonter leurs divisions.

Deux légitimités incompatibles

«Reconnaissez le peuple kanak pour qu'à son tour il vous reconnaisse», lance l'Union Calédonienne aux adversaires des indépendantistes. Porteurs d'une civilisation où leur identité s'enracine, les colonisés veulent que soit apurée la dette foncière, politique et morale des Blancs à leur endroit. En tant que maîtres millénaires de l'archipel, ils entendent, par la décolonisation, exercer librement leur droit d'accueil ou de veto à l'égard des étrangers qui les ont envahis, malmenés et, comme disait J.-M. Tjibaou, «empêchés d'être». Cette souveraineté restituée ouvrirait la voie, non sans contradiction ni difficulté évidemment,

Eloi Machoro (1945-1985) souhaitait qu'en Nouvelle-Calédonie «rien ne soit plus comme avant». Le 18 novembre 1984, il fracasse une urne d'un coup de hache et dénonce ainsi le système électoral qui, par la loi du nombre, consacre le pouvoir des colonisateurs. Il désarme ensuite colons et gendarmes de Thio et prend le contrôle du village, sans faire de victimes. Mais le 11 janvier 1985, Yves Tual, fils d'un éleveur européen, est tué par des Mélanésiens. Ce crime déclenche à Nouméa une émeute nocturne. A l'aube, les anti-indépendantistes apprendront, avec des cris de joie, la mort d'Eloi Machoro et de son compagnon Marcel Nonnaro. Les deux hommes, réfugiés avec trente des leurs sur une propriété kanak près de La Foa, viennent d'être abattus par des gendarmes du G.I.G.N., dans des circonstances aussi peu élucidées à ce jour que celles de l'assassinat de l'ancien secrétaire général de l'Union Calédonienne, Pierre Declercq, à Nouméa en 1981. La spirale de la violence, qui s'amorce en Nouvelle-Calédonie plus de dix ans avant ces dramatiques événements, a pris racine dans la boue de l'injustice.

“KANAKY VAINCRA.”

à un projet de pays indépendant, la Kanaky, prenant en charge une partie de l'héritage traditionnel et les apports occidentaux jugés bénéfiques (suffrage universel, pluralisme politique, droits de l'homme, développement économique). «Le retour à la tradition, c'est un mythe. [...] Notre identité est devant nous», affirmait encore l'ancien leader du F.L.N.K.S en 1985.

L'hostilité des anti-indépendantistes à ces revendications d'une majorité de Mélanésiens s'appuie sur quelques dénégations : la présence française en Nouvelle-Calédonie, de 1853 à nos jours, n'aurait fait subir aux Kanak aucun tort majeur qui puisse justifier de leur part une sérieuse volonté de décolonisation; la société kanak, jugée tantôt «despotique» tantôt «communiste», serait trop arriérée pour prétendre dicter sa loi à une communauté européenne porteuse des bienfaits techniques et moraux de la «civilisation»; le droit des anciens occupants, à supposer qu'on le reconnaisse, ne saurait de toute façon supplanter la légitimité électorale des nouveaux venus majoritairement opposés à l'indépendance

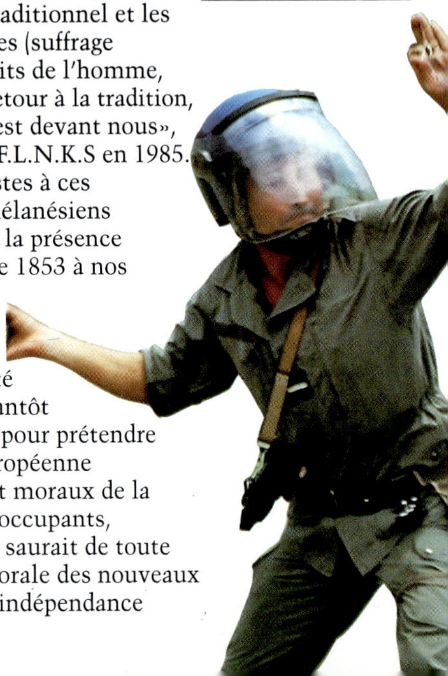

kanak. Subsidiairement, les «loyalistes» mettent en avant la défense des intérêts économiques et stratégiques de la France dans un Pacifique... en réalité contrôlé par l'Australie et les Etats-Unis.

De mars 1986 à mai 1988, le gouvernement de Jacques Chirac fit de cet argumentaire le cheval de bataille d'un harcèlement sans merci des indépendantistes kanak.

Les années Pons : le recul

«Si les Kanak bougent, nous leur serrerons le kiki», annonce Bernard Pons, le 26 mai 1986, au début de son mandat de ministre des DOM-TOM. Le R.P.R. décide le quadrillage militaire des villages kanak et met fin au rééquilibrage économique amorcé par ses prédécesseurs. Une manne financière est versée aux entreprises de Nouméa au détriment de l'intérieur où des terres promises aux Kanak sont réattribuées à des

Les troubles graves du Territoire calédonien ont une cause première, inscrite dans l'histoire du pays : la dignité bafouée de la civilisation mélanésienne. Dignité morale et culturelle, sans cesse réaffirmée depuis le festival Mélanésia 2000, en 1975 : «La non-reconnaissance [...] ne peut amener qu'au suicide ou à la révolte.» Dignité politique, exigée sur tous les tons et indissolublement liée à l'exercice dans des institutions adéquates d'une souveraineté recouvrée. Dignité économique, revendiquée haut et fort par l'engagement des indépendantistes dans la gestion des Régions (1985, plan Pisani) puis des Provinces (1988, plan Rocard) légalement conquises. Faute d'avoir reconnu ce droit des Kanak à leur part de soleil, Jacques Chirac et Bernard Pons, de 1986 à 1988, se sont heurtés, en un combat douteux, à la détermination de tout un peuple. Cette politique du pire a allongé la liste des victimes européennes et mélanésiennes du Territoire.

colons. La majorité «profrançaise», qui s'affirme lors du référendum local du 13 septembre 1987, sert de caution à cette politique sans nuance. Bernard Pons espère la parachever avec un nouveau statut qui consacrerait l'exclusion des indépendantistes de tous les domaines clés de la vie du Territoire. Ces mesures provocatrices prises à l'encontre du F.L.N.K.S. déclencheront les tragédies d'Ouvéa de 1988 et 1989.

Printemps 1986. Le Territoire a retrouvé le calme, mais Bernard Pons décide de jeter à bas le plan Fabius-Pisani. Il prend alors la responsabilité d'une reprise des tensions.

Le 22 avril 1988, jour où le statut Pons doit prendre effet, pernicieusement fixé à la date du premier tour des élections présidentielles, les nationalistes kanak relèvent le défi que le gouvernement leur lance depuis deux ans : des barrages sont dressés sur la Grande Terre; à Ouvéa, l'investissement de la gendarmerie par des militants F.L.N.K.S. dégénère en un affrontement (quatre gendarmes tués), suivi

Les fragiles barrages du F.L.N.K.S. disent l'amertume d'un peuple incompris. «Nous avions demandé la négociation, on nous a donné le sang», murmure un vieux Kanak après l'attaque de Gossanah.

d'une prise d'otages (vingt-sept gendarmes séquestrés); deux semaines plus tard, la libération des otages par la force fait vingt et un morts (deux militaires et dix-neuf Kanak). L'opinion internationale et les pays du Pacifique Sud s'émeuvent d'une telle dégradation de la situation.

Les accords de Matignon

La réélection de François Mitterrand et le retour de la gauche au pouvoir vont tempérer ces inquiétudes. Pour renouer le dialogue,

les N

N°5 120 Mercredi 8 juin 1988

Après Voh la Côte Est se rebiffe

Les loyalistes de Ponérihouen exigent l'arrestation des meurtriers

Les loyalistes européens et mélanésiens de Ponérihou sont arrivés à saturation. Ils se déclarent déterminés tenir les barrages aussi longtemps qu'il le faudra.
(Photo : Pierre-Louis MIR

PAGE 2

le gouvernement sait s'appuyer sur les forces morales qui restent puissantes en Nouvelle-Calédonie (l'Eglise protestante, la franc-maçonnerie, les anciens collaborateurs d'Edgar Pisani et l'Eglise catholique). Profitant du climat d'incertitude et d'angoisse qui prévaut encore dans l'île, le gouvernement parvient à convaincre les deux leaders du F.L.N.K.S. et du R.P.C.R., Jean-Marie Tjibaou et Jacques Lafleur, de trouver un compromis qui entérine les rapports de force du moment et inaugure un processus évolutif de transformation sociale et politique. Le 26 juin 1988 sont signés les accords de Matignon qui découpent

Ouvéa. Le ministère de la Défense a établi que «des actes contraires au devoir militaire ont hélas été commis» contre les militants du F.L.N.K.S.; Amnesty International rapporte aussi qu'«au moins trois des Canaques qui sont morts auraient été, après leur reddition, victimes d'exécutions extrajudiciaires».

UVELLES
CALEDONIENNES
41, 43 RUE DE SEBASTOPOL TÉL: 27.25.84 B.P. 179
Nlle-Calédonie - 90 F

es barrages
u désespoir

le Territoire en trois provinces, dont deux seront administrées par les indépendantistes. L'Etat s'engage à débloquer des crédits qui favorisent le développement de l'intérieur du pays et des îles Loyauté. Michel Rocard annonce alors une politique «inégalitaire» qui devrait rendre en partie justice aux aspirations des Mélanésiens. La tâche n'est pas mince.

Un avenir incertain

En 1988, le gouvernement socialiste prenait l'engagement de liquider ces séquelles encore très pesantes de cent trente-cinq ans de colonialisme en

En mai 1988, le Territoire est à deux doigts de la guerre civile. Pendant deux années, les anti-indépendantistes ont été entretenus dans l'idée que leurs adversaires voulaient les priver de toute légitimité à vivre sur une terre française depuis cent trente-sept ans; d'où leur compréhensible désarroi, très vif surtout dans les milieux qui ne disposent pas d'un capital suffisant pour envisager un départ réussi. Dans la même période, la riposte des indépendantistes à une politique niant en bloc leurs exigences a révélé à la fois la fermeté morale et la faiblesse militaire du F.L.N.K.S. Pris en tenaille entre les espoirs et les craintes contradictoires des communautés calédoniennes et soucieux de maintenir une présence française dans le Pacifique, Michel Rocard propose alors de différer à dix ans les décisions relatives à l'avenir institutionnel du Territoire. Les accords de Matignon donneront une réponse temporaire, plus économique que politique, à l'incompatibilité des aspirations de chaque camp.

Nouvelle-Calédonie. Mais les accords de Matignon renvoyaient la question de l'indépendance à un référendum d'autodétermination, prévu pour 1998, et auquel devaient seuls participer, selon l'exigence des indépendantistes, les électeurs et leurs descendants déjà inscrits en 1988.

L'ajournement de la souveraineté kanak, pierre angulaire de la politique du F.L.N.K.S., n'a pas été compris ni accepté par certains militants mélanésiens, particulièrement meurtris par les deuils successifs infligés au peuple kanak depuis 1984. Un an après le drame d'Ouvéa, le 4 mai 1989, l'ancien pasteur kanak Djubelly Wéa n'hésitera pas à assassiner deux des principaux leaders du mouvement indépendantiste, Yeiwéné Yeiwéné et Jean-Marie Tjibaou, signataires des accords de Matignon.

A Nainville-les-Roches, en juillet 1983, à l'initiative de Georges Lemoine, «le droit inné et actif du peuple kanak à l'indépendance» et la légitimité historique des Européens de souche avaient été reconnus par J. Lafleur et J.-M. Tjibaou. Le R.P.C.R. devait aussitôt dénoncer cet accord.

Un moment déstabilisé, le F.L.N.K.S. s'est toutefois choisi successivement deux présidents (Paul Néaoutyine de 1990 à 1995 et Rock Wamytan ensuite), qui se situeront dans la ligne tracée par Jean-Marie Tjibaou : préparer une indépendance viable.

Si les accords de Matignon avaient le mérite de reconnaître aux indépendantistes le statut d'interlocuteurs incontournables, s'ils engageaient un processus de développement et de formation dont les Kanak ont tiré un certain profit, sur le fond rien n'était réglé. La paix revenue sur le Territoire, le répit accordé aux uns et aux autres après plusieurs années d'affrontements et d'instabilité ne pouvaient tenir lieu de décolonisation. La question de la souveraineté qui s'établirait définitivement sur cet archipel du Pacifique Sud restait entière.

La période de dix ans (1988-1998), ouverte par les accords de Matignon, a été marquée par des mutations de fond comparables à celles qui bouleversèrent le Territoire au moment du «boom du nickel» (1968-1972). Les nouvelles institutions provinciales, celles du nord et des îles Loyauté notamment, ont offert à leurs élus l'occasion d'une expérience gestionnaire sans précédent. Cette extension des responsabilités locales a favorisé la professionnalisation et l'élargissement de la classe

Les Ecoles Populaires Kanak : une difficile expérience indépendantiste.

politique mélanésienne La population des deux provinces indépendantistes s'est, pour sa part, engagée durant ces dix années de prospérité dans une quête d'emplois et de subsides qui puissent compléter l'économie domestique rurale ou même parfois s'y substituer. Quant aux Européens, ils ont profité de cette période pour renforcer leur position dominante dans l'économie du Territoire.

Vers l'émancipation

La question de l'avenir institutionnel de la Nouvelle-Calédonie n'a été abordée qu'à la fin de la décennie 1988-1998. En avril 1996, les indépendantistes quittent la table des négociations quand ils comprennent que la discussion sur l'avenir politique du Territoire ne sera pas abordée. Ils n'accepteront de reprendre le dialogue que lorsque toutes les hypothèques sur le projet d'une usine de retraitement du nickel dans la Province nord seront levées; la maîtrise de l'exploitation du nickel ouvrant seule la voie à une véritable indépendance économique.

Sous l'impulsion du gouvernement de Lionel Jospin, les négociations reprennent fin 1997 et débouchent en avril 1998 sur l'accord de Nouméa : le fait colonial est enfin reconnu; la définition du corps électoral, limité aux personnes installées en Nouvelle-Calédonie jusqu'en 1988 et à leurs descendants, invite toutes les communautés du Territoire à élaborer une «nouvelle citoyenneté»; la France s'engage à procéder à un transfert progressif de ses compétences aux nouvelles institutions de l'archipel. Enfin, une modification de la Constitution française autorise la Nouvelle-Calédonie à changer de souveraineté au terme du processus, soit au plus tôt dans quinze ans.

Cette solution innovante ouvre une brèche sans précédent dans l'habituel scénario-catastrophe des décolonisations françaises. L'essai – qui fera date et peut-être école – d'une transition concertée et progressive vers la souveraineté fait de la Nouvelle-Calédonie le laboratoire d'une modalité originale d'émancipation. Reste à tout mettre en œuvre pour que l'expérience réussisse.

Le drapeau de la Kanaky, suivi par une foule immense, entre le 7 mai 1989 dans la cathédrale de Nouméa... sur les cercueils de Yeiwéné Yeiwéné et de Jean-Marie Tjibaou. Deux grands phares de la Nouvelle-Calédonie viennent d'être brisés. Originaire de l'île de Maré, Yeiwéné, généreux et tenace, marchait depuis douze ans aux côtés du sage et ferme Tjibaou. L'enfant prodige de la Grande Terre, abandonnant la prêtrise pour la politique, sut, par son verbe, juste, vivant, extraordinairement présent aux hommes et à la nature, faire monter sur la scène internationale la civilisation kanak et, avec elle, toutes les contradictions de la Nouvelle-Calédonie. Après sa mort, il fallut une maturation de dix ans pour que le peuple kanak et les communautés calédoniennes, sur la base d'une reconnaissance mutuelle, se donnent les moyens institutionnels d'un destin commun.

TÉMOIGNAGES ET DOCUMENTS

“En Nouvelle-Calédonie, la France a fait trop peu et trop tard.”

Laurent Fabius, 1985

A la recherche d'un destin commun

L'inauguration en mai 1998 du centre culturel Tjibaou a coïncidé avec la signature d'un accord qui place la Nouvelle-Calédonie sur la voie de l'émancipation politique et met fin par là à son statut de Territoire d'Outre-Mer. D'ici quinze à vingt ans sera organisé un référendum qui proposera aux nouveaux citoyens de faire accéder ou non la Nouvelle-Calédonie à une «souveraineté pleine et entière». Le cadre institutionnel proposé aujourd'hui par les Accords de Nouméa, et ratifié par les deux Assemblées en juillet 1998, permettra-t-il aux différentes communautés de construire ensemble une nouvelle nation ?

Dix ans pour tenter de rééquilibrer la vie économique

Tant à Nouméa que dans l'intérieur, les Accords de Matignon ont relancé l'économie mais ne sont pas parvenus à réduire les profonds déséquilibres qui entravent un développement du Territoire au bénéfice de tous. Durant les dix années écoulées, la vie économique du «Caillou» n'a cessé d'être dominée par la Province sud et ses puissances financières. Tout se passe comme si celles-ci, faisant fi de l'esprit initial des Accords de Matignon, cherchaient à renforcer les activités et les infrastructures sur le grand Nouméa afin de contrecarrer les efforts des deux Provinces indépendantistes pour peser dans la vie économique du Territoire. Par exemple, la constitution récente d'une véritable «ceinture verte» autour de Nouméa entendait assurer l'approvisionnement de la capitale en produits maraîchers. Les effets de cette option autarcique ne se sont pas faits attendre : en moins de dix ans, le volume des débouchés agricoles de la Province nord a chuté de près d'un tiers.

Selon la même logique, les investissements touristiques de la Province sud concurrencent les efforts réalisés dans ce domaine par le Nord et les Iles Loyauté. Nouméa cherche à se constituer un patrimoine hôtelier qui offrirait tous les attraits du Pacifique à ses clients sans que ces derniers n'aient à faire l'expérience du monde mélanésien en se rendant dans les deux autres Provinces. A l'intérieur de la ville même, l'opposition entre quartiers favorisés et zones d'habitat social tend à reproduire les clivages entre le sud et le nord de l'archipel, entre Européens et Kanak. Tandis qu'au centre et au sud de la capitale (quartiers blancs), le prix des

terrains ne cesse d'augmenter, les opérations d'habitat social sont rejetées à la périphérie majoritairement peuplée de Kanak et de Polynésiens.

C'est dans ce contexte de développement urbain anarchique, non sans ressemblance avec celui de la Côte d'Azur des années soixante-dix – Nouméa n'est-elle pas jumelée avec Nice? – que s'est imposée depuis quelques années une logique de bidonvilles. Les fameux «squats», souvent entourés de champs cultivés, abritent aujourd'hui près de six mille personnes, essentiellement kanak et wallisiennes. Les cités des alentours de la ville sont elles aussi peuplées en quasi-totalité d'Océaniens. Et ceux qui cherchent à déménager se heurtent à des barrières tant économiques que sociales, comme ces cadres kanak qui se virent éconduits par les agents immobiliers des quartiers résidentiels de Nouméa au motif que leur mode de vie supposé pourrait importuner le voisinage... Il arrive que les Kanaks rencontrent dans leur propre pays des situations comparables à celles que connaissent les immigrés en Métropole.

En somme, la croissance exponentielle de Nouméa mobilise des capitaux énormes sans que la plupart de ces investissements répondent aux besoins les plus criants d'une majorité de la population. Dans le même temps, les investissements des Provinces nord et îles visent encore pour l'essentiel à doter l'intérieur d'un niveau d'infrastructure minimum (routes, électricité, téléphone, adductions d'eau). Dans ce domaine, il ne fait aucun doute que la provincialisation a, en dix ans, sensiblement amélioré la situation. Il n'en est pas de même pour le niveau de vie, qui reste relativement bas. En revanche, durant cette période la Province sud (dont les entreprises ont largement bénéficié des chantiers ouverts dans le nord) a connu un essor particulièrement visible : 4x4 rutilants, bateaux de plaisance, boutiques de mode, etc. La réduction des écarts entre le sud et le nord, entre les riches et les pauvres, objectif affiché de la décennie 1988-98, reste donc pour l'heure un vœu pieux. Comme un pays en voie de développement, la Nouvelle-Calédonie souffre de l'hypertrophie d'un pôle urbain qui concentre les richesses, ce qui, par opposition, souligne la pauvreté des zones rurales.

L'insistance des accords de Nouméa à rejeter la possibilité d'un partage institutionnel du Territoire masque mal le spectre d'une partition de fait. La volonté des indépendantistes d'installer une usine de retraitement du nickel au nord de l'île prend ici tout son sens.

Ce complexe industriel, qui devrait créer d'ici huit à dix ans 750 emplois directs et 2000 emplois induits, permettra surtout de poursuivre la politique de diversification des investissements déjà engagée par la Sofinor , bras financier de la Province nord. L'objectif est d'assurer des ressources aux zones majoritairement kanak et de procéder au rééquilibrage économique et démographique de l'archipel. «Il ne faut plus penser en termes de micro-projets mais envisager de véritables projets de développement» déclare Raphaël Pidjot, président de la Sofinor, confirmant ainsi l'option industrielle des indépendantistes.
La politique agricole de la Province rencontre il est vrai bien des difficultés. Les experts en développement sont paradoxalement amenés à soutenir désormais l'horticulture d'autosubsistance : ne vaut-il pas mieux assurer aux familles une sécurité alimentaire que d'inciter à des productions nouvelles sans garanties de débouchés?

La coupure entre le nord et le sud grève toute possibilité de développement homogène et concerté. Entre les Provinces nord et celles des îles, à fort potentiel agricole, touristique et industriel et la Province sud où se concentrent l'activité économique et une majorité de la population, il serait nécessaire de mettre en place un véritable «pacte», voire un fond de péréquation qui freinerait ce dévoiement du projet économique des Accords de Matignon. Le nouvel exécutif qui prendra les rênes en 1999 aura-t-il la volonté d'impulser une politique économique et sociale qui s'adresserait enfin à l'ensemble du pays? C'est l'idée qui s'impose aux acteurs économiques et politiques les plus lucides, qu'ils soient Kanak ou Européens, indépendantistes ou non.

La logique d'assistanat concerne tout le Territoire : près de 6 milliards de francs sont transférés chaque année par la France (budgets des Provinces, salaires indexés des fonctionnaires, etc.). Cette dépendance vis-à-vis de Bercy freine l'émergence d'un tissu économique cohérent, qui privilégierait la production locale plutôt que l'importation systématique. La Nouvelle-Calédonie n'a-t-elle pas importé l'an passé plus de six mille tonnes de volaille? Depuis 1988, cette situation ne bénéficie plus seulement au R.P.C.R. Le F.L.N.K.S. y trouve les moyens d'une politique économique ambitieuse et souhaite que cette aide financière réalise, à terme, les conditions de l'indépendance. Pour sortir de cette «économie assistée» telle que la qualifie l'économiste Jean Freyss, faut-il donc en passer par un surcroît momentané des transferts financiers et de l'assistanat? Les accords de Nouméa prennent en compte ce paradoxe en proposant des mesures progressives d'émancipation.

L'émancipation politique

En retenant le principe d'une citoyenneté calédonienne à construire, un pas décisif a été franchi. Le texte ratifié par le Premier ministre le 5 mai à Nouméa prend acte de la volonté du F.L.N.K.S. que soient jetées les bases d'une Nouvelle-Calédonie enfin affranchie de ses liens institutionnels avec la France. Cette exigence implique une redéfinition du «peuple» concerné. A côté de la population autochtone se sont installées, à différentes époques de la colonisation, plusieurs communautés. Kanaks, Européens, Wallisiens et Tahitiens, Indonésiens et Vietnamiens sont aujourd'hui invités à trouver ensemble les voies d'une nouvelle souveraineté. Les Asiatiques et les Polynésiens, qui ont tant souffert d'être rejetés ou utilisés à des fins électorales par le R.P.C.R., ont remercié les indépendantistes kanak d'avoir tenu parole en faisant d'eux des citoyens à part entière. «Nous sommes heureux d'être accueillis dans cette case dont le peuple kanak constitue désormais le poteau central», a d'ailleurs déclaré Aloisio Sako, leader du R.D.O. (Rassemblement démocratique océanien), parti wallisien intégré depuis peu au F.L.N.K.S. Seules les personnes arrivées tout récemment en Nouvelle-Calédonie (après 1988) ne sont donc pas concernées et sont exclues du corps électoral, comme l'avaient d'ailleurs déjà arrêté les Accords de Matignon. Entre les recensements de 1989 et 1996, plus de 16000 personnes (dont les trois quarts sont nées en Métropole) se sont installées sur le Territoire. Même si toutes ne restent pas – on estime le solde migratoire à environ 10000 – cet afflux pénalise tous les Calédoniens; ces migrants récents, jeunes pour la plupart, sont venus s'ajouter aux 3000 Calédoniens qui entrent chaque année sur le marché du travail. C'est pour cette raison qu'une nouvelle législation établira, comme dans tout Etat souverain, une distinction entre les citoyens et ceux, Français compris, qui deviendront de fait des étrangers sur le nouveau territoire. Mesure vitale pour un pays qui compte à peine 200000 habitants.

Afin d'amener la Nouvelle-Calédonie à un plein exercice de sa liberté institutionnelle, les Accords prévoient en effet un transfert progressif de compétences. Il va en découler un retrait significatif de l'Etat français dans de nombreux domaines. Mais en retour, le renforcement des responsabilités locales mettra face à face Kanak et Européens. Les différends pour les budgets, les postes, les projets de toutes sortes risquent de prendre un tour beaucoup plus vif s'ils ne sont plus du tout arbitrés par l'Etat. En outre, l'éloignement de la Métropole, l'insularité et un contexte politique difficile nécessitent un contrôle accru de l'utilisation du flux financier qui, semble-t-il, continuera de relier la Nouvelle-Calédonie à la France. Une dérive du dispositif fort complexe qui vient d'être programmé serait de voir le statut de la Nouvelle-Calédonie se rapprocher de celui de la Polynésie française, où le surcroît d'autonomie consenti à Tahiti profite surtout à une fraction de la classe politique.

Quoi qu'il arrive dans quinze ans ou vingt ans, la Nouvelle-Calédonie se trouvera dans une situation institutionnelle bien différente de celle qui prévaut actuellement. Le décrochage par rapport à la France est étayé par des considérations d'ordre historique et culturel. Dans le préambule du texte, la légitimité à former un peuple distinct du peuple français est en effet fondée sur la reconnaissance de deux communautés : celle des autochtones (antérieure à la colonisation) et celle constituée, de 1853 à 1988, par les Européens (et implicitement les autres ethnies), venus de gré ou de force s'installer en pays kanak. La spécificité de ces deux communautés et leur partage d'un même destin sur un même sol justifient leur droit à édifier une nation distincte. Encore faudra-t-il que les communautés le souhaitent et s'y préparent : car comme le souligne Victor Tutugoro, porte-parole du F.L.N.K.S., «l'émergence perceptible d'un nationalisme calédonien ne s'accompagne pas encore de la formation d'un véritable peuple calédonien».

Alban Bensa et Eric Wittersheim,
Le Monde diplomatique, juillet 1998

Traditions orales kanak

La littérature orale kanak, avec ses mythes fondateurs, ses poésies, ses discours, ses récits et ses légendes, travaille d'autant plus son expression que chaque parole met en jeu la susceptibilité et les intérêts des clans. Les tournures, les images et les rythmes étayent la portée politique, pédagogique, ou tout simplement ludique, de ces textes, bien caractéristiques de la pensée océanienne.

RÉCITS FONDATEURS

Les Kanak justifient leurs institutions par des narrations historico-mythiques. Leur portée politique est telle qu'elles composent, de version en version, les pièces maîtresses d'un débat sans cesse renouvelé.

Les deux femmes-rochers

L'identité d'un groupe est faite d'un site originel d'où se déploient des itinéraires. L'ancienneté du clan est, dans ce récit, symbolisée par un rocher d'où, au terme d'une succession de métamorphoses, sortent les ancêtres. Leur parcours évoque les lieux d'implantation et les relations que revendique le clan.

Vient alors le mauvais temps,
La pluie tombe et le vent se lève,
Les eaux ruissellent sur le rocher,
Emportent un fragment de cette
[femme (-rocher),
Eboulent la terre qui la recouvre.
Le morceau de rocher dérive,
Suit la rivière de Pamalé,
Gagne la vallée de la Tipijé,
Puis il file vers la mer.
Lorsqu'il sort en bas dans l'embouchure,
Il fait gros temps sur le récif,
La mer le rejette vers le rivage,
Où le vent souffle en tempête.
Il dérive alors vers le nord,
Est emporté le long de la côte,
Et arrive dans l'embouchure de
[Hienghène.
Il reprend vie humaine à cet endroit,
Et monte vers le rivage.
Deux femmes issues de lui montent vers
[le rivage.
Elles sont le fragment de rocher
[descendu du fond de Pamalé.
Elles gagnent le rivage en ramassant des
[huîtres,
Et s'avancent dans l'eau.

Juste au moment d'arriver,
Lorsqu'elles prennent pied sur le sable,
Elles aperçoivent les chefs,
Et s'affaissent sur le sol.
Il leur est impossible d'aller plus loin
quand elles voient les chefs devant elles.
Leur panier d'huîtres se renverse,
Et tombe à leurs pieds.
Voilà l'histoire de ces deux femmes.
Les chefs regardent vers elles et les [aperçoivent.
Ces deux femmes ont chacune un nom.
L'une est *Dië* («Huître»).
L'autre est *Péi-to* («Rocher»). [...]
Suite à l'histoire de ces deux femmes [(-rochers) *Dië* et *Péi-to.*
Elles volent en éclats et des vers se [logent à l'intérieur.
Puis ces vers se transforment en hommes,
En une multitude d'hommes.
L'idée leur vient de se promener;
Ils reprennent en sens inverse leur route [d'autrefois.
Ils partent vers l'intérieur,
Remontant la vallée de la Tipijé et [reviennent.
Ils arrivent à Nä-cènîmî, lieu d'origine du [fragment de rocher,
Et ils se séparent à cet endroit.
Ils forment alors deux groupes;
L'un gagne le col Kènôô,
L'autre monte vers la crête, franchit le [massif et se dirige vers Pipilui.
Ils se dispersent;
Les uns s'installent pour vivre de l'eau [qui sort à Tiwaka, sur la côte est.
Les autres viennent par ici pour vivre [près de l'eau qui s'écoule vers Koné.
Je laisse ici ce récit.

Texte dit par Uéé Göröwirijaa,
en langue paicî, à Poinda, en 1986,
Extrait de A. Bensa et J.-C. Rivierre,
«De l'histoire des mythes. Narrations
et polémiques autour du rocher Até
(Nouvelle-Calédonie)»,
L'Homme, n° 106-107, 1988

Le chasseur d'oiseaux

Les relations matrimoniales entre clans sont expliquées par des récits qui situent l'origine des mariages aux temps où l'homme lui-même fit son apparition. Ceux qui ont inauguré ces alliances peuvent à leur tour en faire bénéficier leur chefferie.

Arrive le pigeon notou de la forêt de Pwèi. Alors qu'il mange le fruit d'une liane, la foudre frappe et le bouscule. Deux vers tombent du fruit de cette liane. Ils restent sur le sol, à la lisière de la forêt de Pwèi, puis se transforment en hommes. Leur nom est Hûô et Kéélè, et cette forêt est leur demeure.

Ils se tiennent là, le temps passe et, un beau jour, le cadet prend son arc et ses flèches (son aîné, celui qui s'appelait Kéélè, reste à la maison) et commence à gravir la montagne. Il prend le sentier qui franchit le col, chemine encore, disparaît à Kotacoot, puis descend dans la vallée du Wéaga.

Les gens du lieu sursautent à son approche. Ils lui demandent : «D'où sors-tu, toi ?» Il répond : «Je suis un homme venu de Pwèi.»

– Et qu'est-ce que tu fais ?

– Eh bien, je me promenais dans la région, cherchant à tirer des oiseaux, et j'ai débouché là-haut ! J'ai aperçu des habitations et je me suis approché.

Ils répondent : «C'est bon, tu peux rester là et ne repartir que demain ou après-demain, puis tu iras retrouver ton frère. Pour l'instant, il est temps de se coucher.»

Et il reste avec eux. Mais, alors qu'ils lui avaient parlé de repartir le lendemain, les choses se déroulent autrement. Les jours passent et ils demeurent ensemble chez le maître du lieu entouré de ses enfants et ses petits-enfants.

Un jour, Hûô déclare : « Je pense qu'il est temps de me séparer de vous et de retourner à Pwèi. » Et ils lui répondent : « Eh bien, parfait ! Reprends la route. Et voici qui te tiendra compagnie ; on appelle ça une femme. Emmène-la et elle sera ta compagne. » Il répond : « Bien, mais ça sert à quoi ? » Alors ils lui expliquent : « Tu verras à quoi s'occupe ce qu'on appelle une femme, une fois rentré. »

– Bien, alors nous allons vous quitter. On reviendra peut-être vous rendre visite un jour, à moins que ce ne soit vous qui veniez nous voir.

Hûô et sa femme repartent et arrivent auprès du frère aîné. Hûô lui explique : « Dis donc ! Je suis monté faire la chasse aux oiseaux et je suis tombé chez les gens de la Wéaga ; ils ont pris cette femme et me l'ont donnée pour qu'elle devienne ma compagne et que je revienne avec elle vivre ici. Quand je leur ai demandé : "Mais à quoi sert ce que vous me donnez ?", ils m'ont répondu : "Tu verras bien quelles sont les occupations de ce qu'on appelle une femme, une fois réinstallé chez toi avec ton grand frère." J'ai accepté et nous voici tous les deux. »

Le grand frère répond : « C'est très bien, ça va. » Ils restent là, le temps passe et la femme est enceinte. Et les deux frères peuvent voir à quoi elle s'occupe : elle va chercher de l'eau, ramasse du bois, fait la cuisine et leur prépare leur nourriture. Un peu plus tard, elle donne le jour à une fille et de là date cette parole transmise comme suit : Les gens de la Wéaga ont pris une de leurs filles et l'ont donnée dans la vallée de Pwèi ; cette femme a eu elle-même une fille ; alors les oncles maternels de cet enfant sont restés en attente. Les gens de Pwèi ont à leur tour pris une femme de leur clan. Ils l'ont emmenée et l'ont donnée en échange dans la vallée de la Wéaga.

Telle est l'origine du sentier par où passent les mariages entre les Pwèi et les Wéaga.

Mythe dit par Elia Boua,
en langue cèmuhî (Touho),
à Pwèi, en 1971

FIGURES DU CHEF

Etranger intégré dans un pays d'accueil, le chef kanak se tient aux lisières de plusieurs mondes. Il tire de cette position médiatrice l'essentiel de ses fonctions rituelles et de ses pouvoirs sur la nature. Ses attributions l'enferment, en quelque sorte, dans son statut de personnage à part ; il lui est ainsi difficile de transformer les marques de son rang en abus d'autorité.

Le chef en son jardin

Le chef (ou, plus souvent, le cadet d'un lignage proche) a pour prérogative d'effectuer les rites qui préludent à la plantation des ignames. Mais l'une de ses deux femmes voudrait ici le voir aussi travailler la terre. Cette atteinte à son rang perturbe l'ordre du monde.

Le chef de Pwèi a deux épouses, l'une est une Pwobèi et l'autre du clan Touho. Ils vont faire un billon pour planter les ignames et le chef enjoint à ses deux femmes de piocher la terre avec lui. Lorsque le billon est terminé et que vient le moment de planter, le chef leur dit d'aller cueillir les fruits du *Ficus*. Elles rapportent des fruits et les mettent à cuire dans la marmite, juste à côté du billon. « Voilà, c'est prêt », disent-elles au chef. Celui-ci fait alors la prière rituelle, puis demande à ses deux épouses de monter à l'extrémité du billon et de commencer à retirer les piquets signalant les trous d'ignames.

La femme de Touho lui dit alors : « Tu nous demandes d'aller faire cela, mais toi, es-tu manchot ? – Qu'est-ce qui vous prend, répond-il, ne savez-vous pas que cela m'est impossible ? » Il arrache un piquet et le brandit vers le ciel, comme cela, au-dessus de sa tête. Alors la foudre éclate, une pluie diluvienne s'abat et les deux femmes sont emportées par le courant qui ruisselle le long du billon.

« Eh ! pauvres petites ! se moque-t-il, que vous arrive-t-il ?

– Que nous arrive-t-il, disent-elles, tu ne vois donc pas qu'on se noie ?

– Eh bien c'est parce que vous m'avez dit d'aller en haut du billon pour planter, alors que cela m'est interdit ! » La femme de Pwobèi dit à sa compagne : « Tu vois, c'est de ta faute ; tu lui as dit de planter les ignames alors qu'il n'en a pas le droit parce qu'il est chef. »

Dit par Mme Bwaé Kaapo Bouillant,
en langue cèmuhî,
à Nouméa, en 1977

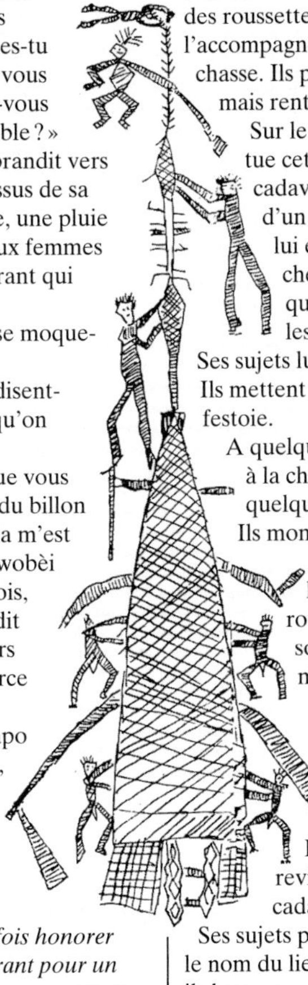

Le chef anthropophage

Les sujets pouvaient autrefois honorer leur chef de clan en lui offrant pour un repas cannibale une victime consentante issue de ses propres rangs. Mais ce rite d'allégeance politique ne donnait en la matière aucun droit au chef sur les siens. Pour le dissuader de traiter les membres de son clan comme du gibier, on voit ici ses sujets planter sur son chemin, à l'orée de la chefferie, un taro sauvage que ses titres de noblesse ne l'autorisent pas à voir.

Le chef des Goièta était appelé Gömââwé. Il monte un jour au passage des roussettes. L'un de ses sujets l'accompagne pour cette partie de chasse. Ils passent la nuit là-haut mais rentrent bredouilles.

Sur le chemin du retour, le chef tue cet homme. Il jette son cadavre au pied d'un arbre, à côté d'un banian, dévale jusque chez lui et dit à ses sujets : « Montez chercher les petits oiseaux que j'ai pris et déposés dans les racines d'un arbre. » Ses sujets lui obéissent et reviennent. Ils mettent le cadavre au four et il festoie.

A quelque temps de là, il repart à la chasse et demande à quelqu'un de l'accompagner. Ils montent ensemble, arrivent au col, mais passent la nuit là-haut sans tuer une seule roussette. Alors le chef tue son sujet et le dépose au même endroit.

Une fois chez lui il dit aux siens : « Montez chercher la petite prise que j'ai laissée au pied de l'arbre parmi les racines. » Ils lui obéissent et reviennent ; ils mettent le cadavre au four et il festoie.

Ses sujets pensent alors à changer le nom du lieu dit « A l'orée des Nâtéa » ; ils le surnomment : « Au taro sauvage », ce qui veut dire : au taro qui barre le passage quand on monte au col des roussettes. A partir de ce jour-là, le chef renonce à ses excursions accompagnées.

Texte dit par Barthélémy Bwéréwëu,
à Nouméa, en 1983

L'anguille de Wicè

L'enfant est un enjeu : il est la « vie » de ses utérins, le nom et la descendance de ses paternels. Les alliances entre clans de vallées voisines pouvaient donner lieu à des conflits à propos de la progéniture. C'est ce qu'illustre cette légende où, selon les règles du genre, un groupe et ses stratégies peuvent être figurés par un animal emblématique (totem).

Il était une fois une femme. Elle décide d'aller débrousser. Cela se passe là-bas, auprès du massif des Wicè. Elle emmène son nourrisson avec elle ; elle le transporte dans son berceau. Elle descend et parvient à sa tarodière, en bordure de ruisseau. Elle enfonce en terre un piquet ; elle a choisi un bout de bois fourchu. Elle prend le berceau et l'accroche au piquet. L'enfant est dans son berceau et s'endort. Alors la femme se met au travail. Elle débrousse sa tarodière ; elle débrousse, débrousse… plante des taros, arrache des pousses et replante. Elle s'affaire, puis pense tout à coup : « Eh ! mais le petit va se réveiller, il faudrait que j'y jette un coup d'œil ! » Elle se dirige vers le berceau.

Pendant ce temps, l'enfant a mouillé sa couche, et l'urine a traversé le berceau, puis s'est infiltrée dans le sol. Elle tombe en plein sur l'anguille qui se trouve juste en dessous, et cette anguille en perçoit l'odeur malodorante. Elle se fraye un passage jusqu'à la surface, se hisse jusqu'au berceau et le transperse. Elle avale l'enfant, puis redescend dans son antre. Elle se réinstalle dans la vase, au fond de son trou d'eau stagnante, mais relié par en bas avec le ruisseau. C'est là qu'habite cette anguille. Elle se réinstalle doucement au fond, mais, ce faisant, elle sent que l'enfant l'incommode. Alors elle change de place, emprunte le passage, sort de son trou d'eau, et gagne le ruisseau.

Non loin de là, l'eau tombe en cascade, et, comme elle ne peut continuer, elle biaise par une canalisation de tarodière, suit la canalisation jusqu'au bout, puis dévale sur la berge en se laissant glisser, regagne par là le ruisseau, et se retrouve en eau plus calme, non loin de l'endroit où ce ruisseau rejoint la Tipijé. Alors elle continue sa route, parvient dans la Tipijé et descend la rivière. Elle descend, descend… Elle atteint bientôt l'embouchure.

Une fois en mer, elle se dirige vers le nord au lieu de venir par ici. Elle suit la côte et continue, continue… débouche enfin dans la baie de Hienghène. Elle perçoit l'eau douce venue de la vallée, et elle en apprécie la fraîcheur. Alors elle s'engage dans cette rivière, et elle en remonte le cours. Elle monte, monte… Elle arrive à Gavatch, là où la rivière bifurque.

A l'endroit même de la bifurcation, le courant amoncelle les pierres, et l'eau est déviée par ici ; elle essaie d'y passer, mais se retrouve coincée. Elle recule et se laisse couler un peu plus bas, tente sa chance encore, mais échoue une seconde fois. Elle plonge encore en retrait avant de recommencer.

Au même moment, deux femmes sont en train de bavarder. Elles sont sur un côté de la rivière, et de l'autre côté se trouve une habitation. Soudain l'une s'exclame : « Tais-toi un peu ! Ecoute bien ! Par moments, on croirait que l'eau cesse de couler… Que se passe-t-il donc ? » Elles prennent leur restant de roseaux pour leur pêche à la torche, et elles les allument. Elles s'approchent de l'eau, se penchent pour regarder, à l'instant même où l'anguille tente encore de passer. L'anguille reste coincée, puis rentre à nouveau dans l'eau. Elles s'écrient : « Kou ! Eh, là-haut, les enfants ! Venez vite voir la superbe anguille ! » Alors ils accourent, munis de leurs sagaies, et rejoignent les deux femmes.

L'anguille fait une nouvelle tentative, s'engage et reste bloquée, puis se retire comme les fois précédentes. L'un des garçons la vise avec sa sagaie et l'atteint juste ici, derrière la tête. Et l'anguille meurt. Aussitôt, ils s'en emparent, se mettent à plusieurs pour la transporter, et la remontent chez eux. Ils arrivent là-haut, déposent leur fardeau, vont chercher du bois et allument un feu. Ils la passent à la flamme et la nettoient de son jus visqueux. Puis ils la redéposent par terre, prennent un couteau et commencent à lui ouvrir le ventre.

Lorsqu'ils découpent le ventre et écartent les chairs, l'enfant sort de l'anguille. Ils s'exclament : « Par exemple ! Voilà pourquoi elle s'en est allée de chez elle ! Ce gamin qu'elle avait avalé lui pesait sur l'estomac ! » Ils amènent des étoffes et enveloppent l'enfant, puis ils l'enterrent. Ensuite, ils préparent le four, mettent les pierres sur le dessus, attendent que les pierres chauffent, puis éparpillent les braises, prennent les morceaux de l'anguille et les mettent au four. Ils préparent à côté quelques marmites de tubercules et, lorsque c'est cuit, ils ôtent la couverture du four, retirent et déposent les morceaux de l'anguille. Ils s'installent et se servent, hommes et femmes mangeant à part. Ils prennent leur repas, consomment l'anguille et mangent la tête.

Mais ils prennent la mâchoire et la mettent à part, disant : « Cette mâchoire partira d'ici, puisqu'elle a mangé un enfant. »

Ils la préparent et la nettoient. Puis ils prennent la mâchoire et déclarent : « Faites savoir que cette anguille a mangé un gosse et répétez-le, que cela soit su jusque dans la contrée d'où provient cette anguille dévoreuse d'enfant. Ils sauront que nous avons trouvé l'enfant ici en mangeant l'anguille. Voici sa mâchoire, elle doit repartir. » Ils la font circuler jusque par ici, et elle regagne la chefferie de Wicè.

Texte dit par Bwaawi Céu, en langue cèmuhî, à Nouméa, en 1977

Le florilège et ses commentaires ont été préparés par l'auteur avec Jean-Claude Rivierre, qui a effectué toutes les traductions des textes de langues cèmuhî et paicî.

Ecritures kanak

Les Kanak ont parfois mis à profit l'écriture pour consigner dans des cahiers des récits traditionnels. Puis certains, comme Eleisha Nébayes (1886-195?), Acôma Nerhon (1888-1969) ou Waya Gorodé ont rédigé des textes autobiographiques réfléchissant sur le monde kanak et les effets de la colonisation. Plus récemment, sont apparus des écrivains kanak qui, dans des poèmes, des chansons, des nouvelles ou des pièces de théâtre, ont su s'emparer de la fiction pour dire les problèmes de leur génération.

Les Dieux-ancêtres kanak

Les premiers écrits kanak en français sont dûs aux élève du pasteur Maurice Leenhardt. Encore maladroits dans la forme et influencés par la Bible, ces textes transmettent avec saveur les questions que se posèrent les premiers Kanak convertis. Waya Gorodé médite ici sur la religion kanak traditionnelle dans ses rapports au christianisme. Le style et l'orthographe de l'auteur ont été strictement respectés.

Dans l'esprit de l'homme Kanak, la Terre a son dieu. Les hautes montagnes ont leurs dieux gardiens.
Dans tous les domaines, et en toutes matières : on trouve le «Kavu».
Dans le ciel pendant la nuit, le Kanak voit les grandes et petites lumières comme des sables mouvants, mais très, très lointaines ces grandes et petites lumières pour éclairer le passage d'un grand Bao Kavu le ciel pendant la nuit.

Il les place selon lui dans l'immensité incomparable, elles luirent nuit et jour dans un ordre alphabétique depuis la Création jusqu'à maintenant.
Ces lumières : les étoiles lumineuses au ciel pendant la nuit sereine, le Kanak dit : Flambeaux des Dieux.
Et nos vieux piroguiers, Noirs du Pacifique, ils savaient lire les messages tracés dans le ciel, par des flèches lumineuses des étoiles. En naviguant pendant la nuit, ils regardaient le ciel, et prêtaient l'oreille aux bruits des vagues, vents et courants.

Des vérités qui ne sont pas bonnes à dire

Nous ne voulons plus parler de nos dieux.

Ne plus toucher aux Tabous.

Et nos dieux sont tous morts? Et n'ont pas de valeur et de l'importance.

Ils se sont tous écrasés, brisés par les Dieux étrangers, par les dieux matériaux des autres races, des autres peuples de grandes nations ; même des principes, des opinions religieuses et politiques? Nos Dieux ne sont-ils plus chez eux?
Non ! Voyons !

Nos Bao sont deux-faces : deux visages.
1° L'invisible, 2° Le visible.

La visibilité pour nos Bao-Dieux Kalédoniens et Loyaltiens, c'est la nature, la flore. Il est pas tellement difficile de sentir la beauté,l'harmonie d'un rocher, qui se dresse dans une pleine nature, une grosse pierre qui s'allonge par terre, et que la verdure vient garnir sa présence éternelle dans le Paradis des Dieux.

Quand nous visitons la forêt vierge de POMBEY le sommet de KATALUPOI, le MWIDIP, le sommet de WEIEME, de WENGUI, et du Mont Panier, nous voyons la visibilité de la présence de nos vieux Anges-Dieux de la Nature.

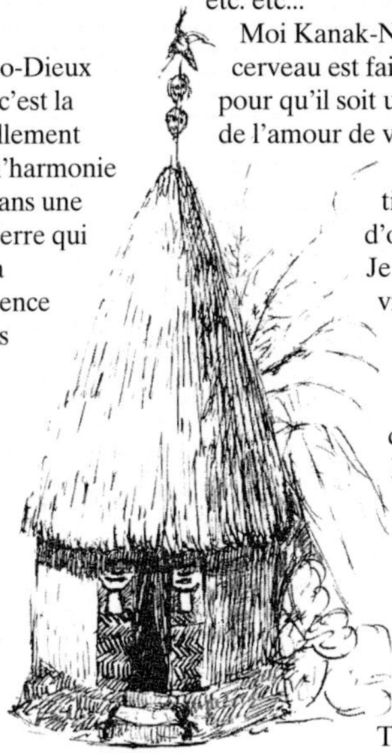

Non, nos dieux ne sont pas écrasés, par les religions, par la politique, et par les vagues étrangères qui déversent maintenant dans ce pays leur savoir-faire – savoir travailler la terre, savoir instruire, enseigner, les gens, les jeunes etc...

Parce que nos Dieux sont morts, ne sont plus capables de relever leur pays de la mort. Ils ne sont plus capables de nous renseigner ; nous leur progéniture parce qu'ils se sont les Dieux-Morts. D'après les dires de quelques groupes de gens qui ne sont pas nés ici, et qui n'étudient pas le principe et la coutume de ce pays, ils viennent seulement accaparer et jouir de sa richesse et de sa beauté.

Ils cherchent à vider la contenance du cerveau de gens du pays, pour la remplacer par la bonne contenance qu'elle nous échappe d'ailleurs, cette bonne contenance du cerveau européen : la capacité, l'intelligence, talent, valeur etc. etc...

Moi Kanak-Néo-Calédonien mon cerveau est fait par mes dieux ancêtres pour qu'il soit une vase de terre remplie de l'amour de vibé [les alliances].

C'est pour cela, que je tiens beaucoup à mes Bao d'origines.
Je ne pense pas que je suis vraiment fils d'Adam, et un singe physiquement et moralement.

Je le sais que je suis né du Limon Diable de la Kalédonie, mais pas du Limon Adam de la Palestine. Adam et Eve de là-bas furent des êtres très beaux, très brillants, ils étaient comme des Anges dans leur belle forêt : Paradis.

Tandis que mes Bao, parents d'ici, étaient des malheureux Diables nus, grands, et larges des épaules. Les femmes étaient aussi grandes, belles poitrines, grosses mamelles. Presque comme les mamelles de «Tibo» la femme dieu.

Nos premiers parents ils étaient grands beaux dans leur sauvagerie comme leurs Dieux de la Nature.

Waya Gorodé,
Mon école du silence,
Texte rédigé en 1979,
à paraître prochainement à Nouméa
ADCK- Editions Grain de sable

Où est le droit?

Pierre Gope, premier auteur dramatique kanak publié met en cause ici les autorités coutumières dans leur habitude de régler une affaire de viol par de simples échanges compensatoires entre les clans concernés. Mais le droit français, vers lequel se tourne la victime, est-il seul en mesure de restaurer la dignité bafouée? Dans cette confrontation entre une fille (Corilen) et son père, le grand chef Cango, sont clairement posées les limites d'une reconnaissance officielle de « la coutume ».

CORILEN
Père ! Je vais saisir la justice des Blancs pour panser la blessure de mon corps et de mon âme. Accorde-moi cette faveur, s'il te plaît !

CANGO
Corilen, je ne suis pas d'humeur à parler de cette affaire aujourd'hui. Elle a été jugée selon la coutume. Le Conseil des anciens a rendu son verdict. On ne revient pas là-dessus.

Ma fille, as-tu perdu la confiance que tu accordais à la justice de nos Ancêtres ?

CORILEN
Non, père ! Ma confiance pour nos Ancêtres demeure sans tache.

Mais, comment accorder ma confiance à ces vieux ivrognes qui se prennent pour des sages et piétinent nos Ancêtres avec leur décision d'injustice.

CANGO
Corilen, as-tu des reproches à faire au jugement rendu contre ton agresseur ?

Moi, je représente la loi, et c'est ceux du Conseil coutumier qui prennent les décisions. Ils ont prononcé la parole sage, il faut la respecter.

CORILEN
Père, penses-tu que notre Conseil des anciens a fait œuvre de bonne justice ?

Autrefois le viol était puni de mort et il était souvent à l'origine des guerres claniques. Aujourd'hui, il suffit d'un bout de manou pour effacer toute infraction.

CANGO
Ma fille, je ressens ta douleur mais le sacré de notre coutume m'interdit de refuser le pardon. Un autre jugement comme tu entends le faire, c'est nécessairement attenter à la coutume et à son esprit. C'est une insulte contre la chefferie.

CORILEN
Cango, depuis toujours, chez nous, on appelle les femmes *dekö*, des « rien ». Aujourd'hui, les femmes sont toujours considérées comme un rien. Nos pleurs, nos soucis n'atteignent pas votre autorité.

Vous, vous décidez seuls, entre hommes, de notre sort.

Regarde-moi, je suis victime d'un viol et je n'ai pas le droit à la parole. Je suis tourmentée par le mal jusqu'au plus profond de mes entrailles et tu me demandes de remercier mon agresseur ?

Combien de criminels, de malfaiteurs avez-vous laissé libres ? C'est la justice de bonne foi. La parole sage, elle est morte, vous l'avez tuée. Et les vieux du Conseil des anciens ne possèdent plus la parole vraie.

CANGO
Tais-toi, tu dis n'importe quoi ! Je souffre autant que toi, ma fille.

Mais si je te laisse faire, qui à l'avenir pourra respecter la parole du grand chef, la parole de Wadrawa, la parole de l'igname ?

CORILEN

Cango, je suis avant tout la chair de ta chair, le sang de ton sang. Ne ressens-tu pas dans tes membres la souffrance de mon être ?

CANGO

Je t'ai plantée ma fille, et je dois t'enseigner avec autorité, te diriger sur les pas de nos Ancêtres. Et en retour, tu me dois l'obéissance.

CORILEN

Mais Cango, ne suis-je pas d'abord ta fille, et la coutume a-t-elle une plante pour soigner mon cœur qui saigne ?

Existe-t-il un guérisseur pour guérir mon honneur ?

CANGO

Ma fille, on est d'abord kanak et tu dois pour cela te soumettre à notre coutume.

Là, tu réagis comme une fille de Blancs.

CORILEN

Cango, je suis ta fille, pas ton sujet. Et tu m'as abandonnée comme tout le reste de la tribu. Tu me traites comme une rien. A tes yeux, je suis une horreur. Tu me tournes la face parce que j'ai taché ton honneur aux yeux de la coutume.

Si je suis coupable, alors bastonnez-moi, si je suis une prostituée, brûlez-moi le sexe avec le caillou rouge. Traitez-moi comme une chienne ! Ou alors rendez-moi une vraie justice selon la coutume qui punit de mort les auteurs d'un viol.

CANGO

La mort, ce n'est plus notre tribunal coutumier qui peut la prononcer aujourd'hui.

Et malgré mon chagrin de père, j'ai agi comme il se doit. J'ai fermé les yeux sur cette affaire, j'ai fermé les oreilles sur tes plaintes pour la bonne marche de la société, pour le bien de tous.

Tous les regards sont fixés sur moi, car j'ai su accepter ta souffrance pour maintenir le calme dans les clans aussi bien dans les clans du garçon que dans ceux de tes oncles maternels. Il faut apporter la paix, là où le mal s'est enraciné.

CORILEN

J'irai sur la tombe de maman. Je lui crierai ma souffrance et ma douleur. Je la prierai de m'ôter de ce cauchemar pour être à ses côtés, dans ses bras, là-bas de l'autre côté de la rive. Dans le monde du silence. Cango, comment peux-tu parler de justice ? Comment peux-tu parler de paix ? Je n'ai pas trouvé la justice chez ceux de mon sang.

Alors, je saisirai une autre justice, celle de l'étranger. Je braverai toutes les malédictions qui pourraient naître de mon arrogance. Je braverai ta colère et même tes malédictions.

CANGO

Je ne te maudis pas ma fille. Mais comprends qu'il m'est difficile de m'arracher à notre passé. Si tu es dans la vérité, les Ancêtres ne pourront pas t'abandonner.

Mais sache que tu t'engages sur un chemin difficile.

Cette voie à tes yeux te paraît juste et droite, mais nos routes coutumières qui te semblent tortueuses sont aussi celles qui maintiennent l'intégrité de ton âme.

Corilen a désormais compris qu'elle doit compter sur sa propre personne pour s'en sortir. Elle s'éloigne tristement, en se disant à elle-même : « Je dois me battre ».

Pierre Gope, *Où est le droit ? Okorenetit ?*, Editions Grain de Sable, 1997

Heurs et malheurs d'une histoire coloniale

«Voyez un peu l'histoire! Elle saigne encore d'anciennes révoltes et de vieilles injustices; elle parle à voix basse des fusillés canaques, des proscrits de Kabylie, des complaintes de la chiourme et des exilés de la Commune. C'est une île de cicatrices et de colères; un grand doigt coupé qui flotte sur l'océan, pointé vers des souvenirs têtus» (J.-C. Guillebaud, 1980). Les traces de ce passé, inscrites dans les mémoires et dans les archives, ne peuvent qu'éclairer les difficultés et les espoirs d'aujourd'hui.

La Nouvelle-Calédonie du XIXe siècle nous livre une caricature des inégalités caractéristiques d'une France en pleine crise sociale.

Humiliés et offensés

Dès la prise de possession française, les Kanak subissent de plein fouet la violence coloniale, au grand dam parfois des missionnaires.

Saint-Joseph, Wagap, 13 janvier 1865

Mon Très Révérend Père,

Commençons par les délits contre la morale, contre les mœurs. Le 14 septembre, une femme d'Amoa vint vendre à Poeo chez le remplaçant d'Edouard où se trouvaient alors quelques soldats. Quand elle eut exposé ses marchandises, on la fit entrer dans la maison sous prétexte de lui donner le prix. La porte se referma sur elle, et elle fut livrée à la brutalité des soldats. A-t-elle consenti ou non, je n'en sais rien. Je n'ai pu interroger cette femme; eût-elle consenti, elle ne le dirait pas.

30 septembre. Deux femmes, l'une de Puathedu et l'autre d'Ahedyuat, étaient sur les récifs de Puabei à ramasser des coquillages. Elles sont poursuivies par deux soldats; l'une parvient à s'enfuir en se jetant à la mer, l'autre est saisie, mais elle se défend avec courage; alors le soldat irrité lui porte un coup de pied dans le ventre et la renverse. Que s'est-il passé alors? Je n'en sais rien. Cette chrétienne, que j'ai interrogée, m'a dit qu'elle était parvenue à se débarrasser et qu'elle s'était échappée; est-ce vrai ou non, je n'en sais rien. Voilà le fait.

Le lendemain, deux femmes de Wallitéat furent attaquées par des soldats qui, ne pouvant les atteindre, leur lancèrent des coups de pierres.

Je passe sous silence une multitude

de petits faits : des naturels battus çà et là par des soldats parce qu'ils ne voulaient pas abattre des cocos, etc. […]

Et comment peut-il en être autrement, quand un commandant lâche la bride à ses soldats. Aussi, très souvent vous voyez des soldats venant de Tibuarama ou de Poama ou de Poaï conduisant devant eux, comme un troupeau de vaches, quatre ou cinq malheureuses femmes qui passent, baissant la tête comme accablées par la honte, car elles ont été livrées par les chefs. Ah, bientôt elles la perdront, cette honte. Des gens sont là qui se chargent à les civiliser. Chaque jour des nouvelles maisons de débauche s'élèvent çà et là autour du camp. Si vous avez le courage de passer dans ces lieux fétides, vous rencontrerez des femmes qui allaitent des enfants. Ce sont les enfants des soldats ; il en a déjà trois et tous sont des filles. Le soldat de Wagap vient non seulement coopérer à la civilisation mais encore à l'augmentation de la race calédonienne qui décroît rapidement comme vous le verrez plus tard. […]

Le lendemain, on me dit que trois soldats avaient enlevé quatre femmes. Aux cris de ces malheureuses, un grand nombre de naturels se dispersèrent, redoutant la colère des soldats. Ces femmes furent enlevées malgré leurs cris, leur résistance. Une d'elles s'accrochait aux branches de niaoulis et le soldat qui s'acharnait contre elle ne pouvait l'entraîner que lorsque la branche se brisait. Elle s'évanouit de fatigue et de peur et c'est en cet état qu'elle fut traînée au blockhaus qui se trouvait alors à une demi-heure de Widu. […]

Et il faut bien faire attention à une chose : souvent ces femmes qui résident à Péo s'enfuient pendant la nuit et retournent dans leur pays, car sans doute elles sont dégoûtées, elles finissent par se fatiguer de tant d'immoralité.
Que font alors les soldats ? Ils agissent comme des brutes dont ils ont les goûts ; ils se mettent à courir après leurs concubines, demandant çà et là aux naturels s'ils n'ont pas vu leurs femmes. Les ont-ils trouvées, ils les battent et les forcent de revenir. J'ai entendu parler d'une femme qui s'est enfuie quatre fois et qui quatre fois a été reprise. Plusieurs fois elle a voulu se noyer, s'éloignant des embarcations qui voulaient la sauver. A chaque fois qu'elle était saisie par les naturels, le soldat se trouvait là pour l'accabler de coups. […]

Mais, mon Très Révérend Père, jetons le voile sur toutes ces horreurs. Au récit de ces actes et de bien d'autres que je ne puis citer, car je n'en suis pas certain, on se sent pris d'un profond dégoût et bien loin de m'habituer dans cette pauvre mission de Wagap, tous les jours je sens croître en moi une antipathie profonde. […]

Parlons maintenant de ma pauvre mission et en même temps que nous traverserons les tribus, nous verrons paraître çà et là de l'ivraie qui sans doute a été plantée par le Commandant.

Votre enfant très dévoué et très obéissant,

L. Roussel

Lettre du Révérend Père Roussel
au Très Révérend Père Rougeyron,
Archives maristes, Rome

Colons pénaux

Quand ils sont libérés, les bagnards, transformés de force en colons, rencontrent d'immenses difficultés à s'installer.

« Mon grand-père nous a raconté, moi j'étais tout gosse, j'avais 8 ou 10 ans. Il nous a dit : “ Le surveillant nous a demandé si on voulait être rapatriés en

France ou [si on voulait] coloniser pour mettre la Calédonie en valeur. » Il a dit oui, ça lui plaisait. Puisqu'il avait fait deux ans de bagne à bien dire. C'est comme ça, ils lui ont dit : « On va vous installer ici. » Alors ils l'ont installé ici, comme colon. »

Ce souvenir d'enfant, brouillé par le temps et le non-dit, témoigne d'une réalité quelque peu différente. Edmé Joseph C, Matricule 13XXX, est un ancien journalier d'origine bretonne, condamné à perpétuité en 1882, pour le meurtre de sa femme. Il purge 17 ans de bagne avant d'accéder à la « suprême récompense ». Le 6 février 1901, un gardien vient le chercher pour le conduire sur le lot n° 4 de Farino. Une nouvelle vie commence. Edmé trouve une concession défrichée, une case déjà construite. L'ancien propriétaire a été dépossédé quelques mois auparavant. François D. était pourtant resté plus de 10 ans sur ce lopin de terre. Condamné à perpétuité, en 1881, pour le viol de sa fille, il avait pris possession des lieux, le 22 novembre 1889, après 8 ans passés au pénitencier. S'échinant sur ce carré de brousse, il avait arraché les niaoulis et les lantanas pour nettoyer sa petite « propriété ». Le 18 octobre 1900, il renonce à son bien, abandonne le fruit de tous ses efforts et part en quête d'un nouveau moyen de subsistance. Deux hommes, deux destins se succèdent sur le même terrain, dans une vallée reculée de Nouvelle-Calédonie. L'un part, l'autre reste. Tous deux sont le reflet d'une colonisation dite « pénale ».

Peut-on imaginer, aujourd'hui, ce que fut la vie de ces bagnards, sortis brutalement de l'emprise des gardes-chiourmes, pour être installés sur 4 hectares de terre avec quelques outils, une hache, une pioche, un sabre d'abattis, une houe et une pelle carrée ?

Les premiers occupants, les « pionniers » du centre de La Foa, affrontent une nature « vierge », parsemée ça et là des vestiges d'anciens champs kanaks. Non sans mal, il leur faut tracer un nouvel espace agricole, fondé sur une occupation systématique des sols, les propriétés en lanière, accolées les unes aux autres, s'alignant en une géographie rigoureuse. Ils doivent construire leur maison à laquelle ils ajoutent parfois une étable. Certains héritent d'un « coin » riche et bien exposé. D'autres font les frais de l'incompétence des « agents de culture » et « tombent », au contraire, sur une zone pauvre ou dans le cas le plus fréquent, particulièrement inondable. [....]

L'Administration pénitentiaire, soucieuse de combler les vides en alignant ses ouailles en rangs d'oignons, apparaît peu scrupuleuse quant au choix des terrains. Ainsi, pour ne citer que deux exemples, un fonctionnaire reconnaît en 1893 que le condamné T., jugé « bon travailleur », dispose à Fonwhary « d'une terre de qualité très inférieure qui ne lui permet pas d'obtenir les produits nécessaires à son existence ». Cet euphémisme cache la situation désespérée d'un bagnard qui s'escrime sur 4 hectares de très mauvaises terres.

Isabelle Merle,
Expériences coloniales, Nouvelle-Calédonie, 1853-1820,
Belin, Paris, 1995

« Il n'y avait rien sauf des Canaques »

Les colons fondèrent leur identité sur la négation des Kanak.

« Quand ils sont arrivés, il n'y avait absolument rien [...]. Ils sont arrivés dans un pays de sauvages, ma grand-mère venait de Lyon, quand elle est arrivée ici, en forêt, que des sentiers, parmi des gens tous nus qui marchaient partout [...]; ça n'a pas été la joie pour elle. »

« J'ai connu mes grands-parents. Ils ont souffert. Ils ont été malheureux, au début. Il n'y avait rien, de la brousse, rien de débroussé, il a fallu qu'ils créent. [...] Pensez donc, on va vous prendre telle que vous êtes et on va vous mettre là, dans cette brousse et débrouillez-vous. Il y avait beaucoup de misère, trop de misère ! »

Les souvenirs transmis dans les familles témoignent unanimement du choc de l'arrivée, du sentiment profond d'étrangeté, d'incompréhension, de dépaysement, de peur. La formule « il n'y avait rien », qui est très souvent employée, résume la confrontation originelle avec un monde « non civilisé », un univers « sauvage ».

« Une fois, ma grand-mère s'est perdue. Elle s'est retrouvée parmi les Mélanésiens autour d'une grande marmite, un grand feu de bois, [eux] qui la palpaient partout. Elle n'était pas rassurée. Mais une femme l'a ramenée et elle [ma grand-mère] lui a donné un malheureux pain tellement elle était contente d'être rentrée saine et sauve. »

Ces propos, véridiques ou fantasmagoriques, expriment la peur fondamentale de l'Autre, du Kanak.

Pour les migrants de Koné et Voh, l'important n'est pas de se préoccuper des Kanaks mais de construire « leur environnement », de le rendre « humain », « civilisé », de « faire un chez soi » rassurant à l'image de ce qu'ils connaissent. L'enjeu essentiel est de s'approprier le sol, en le marquant de sa présence, de « créer son bien », « son domaine », enfin de s'imposer dans la société calédonienne naissante. Dans un tel contexte, le Noir constitue une toile de fond, « un théâtre d'ombres ». On ne s'y intéresse pas sauf lorsqu'il y a un retour brutal de la peur.

Isabelle Merle, *ibidem*

La rébellion de 1878 relatée en direct par un journaliste australien

Les causes lointaines des troubles actuels sont vieilles comme le monde, vieilles comme l'esprit de liberté et de résistance à l'oppression. Depuis vingt-cinq ans que les Français sont implantés dans l'île, une poignée de soldats gouverne des milliers d'indigènes. Et ceux-ci ont été si mal gouvernés, on leur a témoigné si peu de justice en maintes occasions, les autorités ont fait preuve de si peu de sens commun que voilà engagée une guerre indigène qui peut encore durer de longs mois, et qui ne sera réprimée qu'à prix d'or et de sang. Dans toute l'île, les indigènes se plaignent, d'abord surtout, de la présence française sur leur territoire. [...]

C'est ainsi que les Français « annexèrent » la Nouvelle-Calédonie. Ils y envoyèrent des criminels de droit commun et des politiques, et s'efforcèrent d'attirer des immigrants pour fonder une vraie colonie – ce dont rêvaient les théoriciens français depuis John Law, mais ils ne réussirent pas dans le passé et je pense que l'avenir dressera le même constat d'échec. Le Canaque, propriétaire du sol, si le fait d'y habiter en permanence et de la cultiver lui donne un droit de propriété – ce qui devrait être le cas en bonne justice –, a été traité à la légère. On l'a poussé de côté pour faire de la place au forçat et au bétail, qui nourrit le forçat. Les indigènes d'ici ne sont pas des nomades ignorants vivant des fruits précaires de la chasse et dépourvus d'habitation fixe, comme c'est le cas même des Indiens d'Amérique. Ce peuple est parvenu à une étape avancée du long voyage de la civilisation. Ils ont des maisons et des foyers, ils vivent de la culture de leurs terres, et ils sont par là supérieurs au chasseur nomade ou au berger transhumant.

Les circonstances déterminent toujours le caractère des individus et des nations. Les Canaques de Nouvelle-Calédonie étaient auparavant des agriculteurs, et grâce à l'acquis des générations, ils sont parvenus dans ce domaine à un degré d'habileté considérable, parce que le pays est absolument dénué de toute vie animale. Il y a des oiseaux dans les forêts, des poissons dans les rivières et dans la mer, mais la nourriture qu'ils fournissent est limitée. Par rapport à la taille du pays, la population est dense ; certains disent qu'il y a soixante mille indigènes sur l'île, d'autres parlent de vingt-cinq mille habitants. Même si l'on fait une estimation à la baisse, on reste stupéfait que tant de gens puissent y subsister. Lorsque l'on considère la grande part des terres impropres à l'agriculture, il me semble que ce pays peut nourrir plus de gens grâce à un mode de vie « sauvage » qu'il ne le pourrait avec un mode de vie « civilisé ». Ils ignorent peut-être bien des choses qui nous viennent de la science, mais ce qu'ils font, ils le font soigneusement. La façon dont ils appliquent le principe de l'irrigation est absolument parfaite. Le plus important planteur de Nouvelle-Calédonie me disait : « Quand je veux savoir quelque chose, je demande aux Canaques. » Les gens qui vivent de la culture de la terre ont toujours un très grand attachement pour leur maison, et l'indigène de Nouvelle-Calédonie doit remâcher en son cœur depuis des années le sentiment de l'abominable injustice qui l'a chassé de la terre où ses pères avaient planté l'igname et le taro. Et ce n'est pas qu'une doléance purement sentimentale : elle est aussi pratique car la zone agricole est si limitée, et le territoire occupé par des

Colons Feillet installés dans la vallée de Hienghène en 1894.

tribus ennemies si strictement défini que cela signifie que la perte d'une vallée fertile entraînera souvent, pour ses précédents propriétaires, un travail plus dur sur une terre stérile, et des privations pour nombre d'entre eux. Parfois, sans doute, des arrangements ont été conclus avec les chefs, et la terre est passée en des mains privées qui ne l'ont pas payée cher. Depuis l'époque où William Penn découvrit le premier que le rhum et la verroterie sont moins onéreux que la poudre et le plomb, on a toujours tenu cela pour une transaction légitime entre le Chrétien et le païen. La preuve que les indigènes ont souffert de l'irruption du Blanc, c'est que la rébellion a éclaté et que les premiers massacres ont été perpétrés dans la région de l'île la plus colonisée. Si l'on pouvait discuter sereinement, si je pouvais oublier le souvenir des tombes de femmes et d'enfants à Bouloupari, ainsi que le souvenir du sang blanc qui crie vengeance, je dirais qu'à mon avis les indigènes ont raison, et qu'ils ne sont guère à blâmer, car ceux qui ne sont plus leur avaient infligé mainte blessure.

Le Vagabond [J. S. James],
La Guerre en Nouvelle-Calédonie (1878),
La Petite Maison, Paris, 1989

Lettre d'un colon Feillet

Le gouverneur Feillet lança en France une propagande pour inciter des familles à venir planter du café en Nouvelle-Calédonie. L'expérience ne fut souvent pas à la hauteur des espérances...

Au Vicariat de Nouméa.
La Ouaménie, le 6 juin 1897

Monseigneur...
A la fin de l'année dernière, j'étais

encore à Paris où je vivais heureux avec ma femme et mes deux enfants, une fille âgée de 10 ans et un garçon de 7. Malheureusement pour nous, ma femme avait une sœur qui était partie avec son mari pour coloniser en Nouvelle-Calédonie. De temps en temps, ils nous écrivaient et nous disaient d'aller les rejoindre. A la fin, je finis par céder et j'allais voir Monsieur Feillet qui était alors à Paris et je lui demandais des renseignements. Sur la situation de mes parents, il me répondit : « Votre beau-frère est à La Ouaménie, je le connais, il est un de ceux qui ont réussi. Vous pouvez y aller, il peut vous recevoir. »

Je m'embarque le 31 janvier avec ma petite famille et 500 francs en poche et le cœur plein d'espoir, puisque mon beau-frère pouvait nous recevoir. Monsieur le Gouverneur nous l'avait dit.

En arrivant à Nouméa, l'on nous conduit à l'hôtel des immigrants. C'est tout simplement un hangar avec lit de camp plein de vermine et d'une saleté repoussante. Nous allons dans un autre hôtel en attendant que l'on nous envoie à La Ouaménie. Nous y restons 8 jours, puis nous partons.

En arrivant chez mon beau-frère, tout mon espoir disparaît lorsque je les vois s'avancer tous deux, jaunes, décharnés, sur le seuil d'une cabane, faite de gaulettes et de peaux de niaoulis, à l'intérieur, un lit et une table façonnée avec des planches d'emballage et c'est tout. Au bout d'un instant, je les interroge et j'apprends qu'ils sont dans une grande misère, et voilà ce qu'ils me racontent.

“En arrivant ici, on nous a mis sur une concession à Gilliès. Là, il y avait une maison mais le terrain ne valait rien et après deux ans de travail, nous avons tout abandonné pour venir ici, où il a fallu construire cette cabane et recommencer à travailler mais nous n'avions rien. Il y a la maison Ballande qui nous a donné à crédit, petit à petit nous nous sommes enfoncés et maintenant nous devons environ 500 francs. Le crédit est coupé et c'est la maison Ballande qui détient mes titres de propriété car aujourd'hui la concession m'appartient; mais je désespère de jamais pouvoir m'acquitter car le café que je plante ne vient pas. C'est ce qui fait que nous sommes si malheureux.”

Voilà ce que m'a raconté mon beau-frère. Quant à nous, depuis bientôt trois mois que nous sommes ici, voilà déjà trois demandes que je fais pour obtenir une concession, mais je n'ai rien encore et quand bien même on m'en donnerait aujourd'hui, je ne saurai qu'en faire, je n'ai plus le sou pour la faire valoir, j'ai bien essayé de trouver du travail à Nouméa, j'ai écrit à la maison Ballande à cet effet, en disant que je laisserai tant par mois sur mes appointements pour payer les dettes de mon beau-frère, mais je n'ai pas reçu de réponse, j'ai cherché ailleurs mais partout on me dit que le personnel est complet. C'est désespérant.

Ma femme, qui était déjà malade d'ennui, vient de recevoir une lettre lui annonçant la mort de sa mère et depuis ce jour, elle parle de se donner la mort plutôt que de mourir de misère et moi, je ne peux rien faire pour la consoler. Si seulement je trouvais du travail car mon beau-frère est trop malheureux pour nous garder chez lui.

Voilà, Monseigneur, la situation dans laquelle je me trouve et viens vous prier de bien vouloir vous intéresser à notre sort et par votre haute influence, me faire obtenir un emploi quelconque pour faire vivre ma famille. Je suis âgé de 33 ans.

A La Ouaménie, par Bouloupari,
J. Reboul
Archives des Missions Maristes,
OMPA 334 128-4

Morts pour la France

1916. La Grande Guerre piétine dans ses tranchées. La France décide d'enrôler des « sujets » de son empire colonial d'outre-mer. Parmi eux, de nombreux Kanak qui mourront au combat. En hommage à leur mémoire, parents et amis survivants ont composé cette émouvante complainte :

(Le départ)
Vous connaissiez
Notre bonne volonté.
Vous nous avez contraints
Et poussés à partir.
Jetés à la mer,
Nous avons dérivé à l'aveuglette,
Enveloppés par la nuit
Et entourés d'obscurité.

(La guerre)
Hélas ! Quel désarroi
Et que de maux
Avons-nous endurés !
Nous nous sommes couchés à terre,
Car s'abattait sur nous
La mitraille de Guillaume.
Nous avons crié : « Aipa ! »
Et nous l'avons bravée.

(Le retour)
Reste maintenant la honte.

Je me sens lâche, aujourd'hui,
Car j'ai abandonné
Mes pères et mes grands-pères.
Leurs cendres fertilisent le sol.
Ils pourrissent loin de moi.
Laissons-les à leur sort,
Car telle fut notre volonté.

«Chant des anciens combattants de 14-18» dit par Sébastien Pwögu, en langue cèmuhî, à Tyé, en 1967 (Document J.-C. Rivierre)

Pour que justice soit enfin rendue

Cyprien Kawa Braïno (1904-1978) appartient à la première génération d'enseignants kanak de l'école publique. Engagé volontaire dans le Bataillon du Pacifique de la France libre, il quitte Nouméa en 1943 et combat en Libye avant de participer à la campagne d'Italie. Dans cette lettre pathétique adressée au gouverneur général Félix Eboué, Cyprien Braïno réclame, au nom d'un groupe de 68 tirailleurs calédoniens, l'égalité entre Kanak et Européens. Il révèle ainsi l'état d'esprit de nombreux Mélanésiens quelques années avant que le général de Gaulle ne leur accorde enfin la citoyenneté française.

Monsieur le Gouverneur,

Ainsi que nous nous adressons au contre-amiral Thierry d'Argenlieu haut-commissaire de France dans le Pacifique, nous venons respectueusement prier votre haute autorité de bien vouloir intercéder pour nous auprès du Général de Gaulle et le Comité National de la France combattante pour nous solliciter une faveur c'est-à-dire une reconnaiss[anc]e envers nous et nos concitoyens de la Nouvelle-Calédonie pour les nombreux services que nous avons rendus tant à l'Administration de la Nouvelle-Calédonie qu'à la colonisation, et jusqu'au sacrifice même pour la Mère-Patrie.

Nous sollicitons Monsieur le Gouverneur que le Comité nous concède à titre définitif notre liberté d'action dans notre pays natal tout en restant toujours à titre indigène et en se conformant comme par le passé aux lois et aux ordres administratifs.

En 1914-18, Monsieur le Gouverneur, la race indigène a envoyé en France sur le champ de bataille environ cinq pour cent de sa population.

Ceux-ci ont combattu vaillamment sur le front et ont prouvé parmi le bataillon du Pacifique que les tirailleurs calédoniens sont aussi valeureux que les soldats français.

Depuis de longues années la population indigène (hommes et femmes) a toujours fait preuve de bonne volonté en apportant son aide efficace en maindœuvre à la colonisation moyennant un salaire qui ne lui ai pas tout à fait rémunérateur c'est-à-dire qui ne lui permettait [pas] de vivre, et qui est beaucoup inférieur au salaire des européens faisant le même genre de travail.

Cette population a apporté également son aide dans de nombreux services soient admi[nistratifs] et téléphoniques, employés réparateurs des dites lignes, employés des services topographiques et employés des travaux publics etc., etc.

Tous les indigènes hommes et femmes sont obligés pour aller travailler chez les colons, jusqu'aux pères de famille même qui n'ont aucun secours, et qui parfois quittaient malgré eux un travail urgent à faire ou à terminer chez eux pour donner satisfaction au service des affaires indigènes et faire d'abord ce que celui-là leur impose d'exécuter chez ces colons soit par exemple pour la récolte du café ou l'entretien des caféières, ou encore un travail quelconque.

Il nous faut une permission pour aller d'un centre à un autre car sans celle-ci il nous est interdit de circuler librement dans notre petit pays. [...]

En Novembre 1940, le capitaine Dubois avait passé dans nos centres de l'intérieur pour faire appel à des volontaires indigènes pour combattre aux côtés des forces françaises combattantes pour la libération de la Mère Patrie.

Pour répondre à cet appel il y a environ huit pour cent de la population indigène qui s'enrôlaient comme engagé volontaire, dont cinq pour cent ont été mobilisés et sont actuellement sous le drapeau surpassant le nombre de volontaires européens comme 1914-18. Des familles indigènes ont jusqu'à quatre ou cinq fils actuellement sous le drapeau, des anciens combattants rengagés sont également sous le drapeau avec leurs fils, des hommes mariés quittant cinq ou six gosses dans leurs foyers, et faisant preuve d'un sentiment purement patriotique, venaient également grossir l'effectif des troupes indigènes.
Beaucoup parmi nos tirailleurs ont fait déjà deux ans de service sous le drapeau et d'autres mobilisés après un an passé sans se décourager d'avoir vu nos compatriotes européens démobilisés de plusieurs classes en février dernier suivant leur demande, et même d'avoir perçu un prêt 2 fois et demi inférieur au prêt de ces derniers et malgré même que nous sommes aussi capables qu'eux. Nos officiers peuvent le prouver.

L'effectif des volontaires indigènes sous le drapeau est 2 fois supérieur à celui des soldats européens également sous le drapeau.

Et nous avons toujours la ferme volonté de nous mettre à la disposition des forces françaises combattantes pour continuer la lutte pour libérer notre Mère Patrie meurtrie sous l'esclavage boche.

En 1914-1918 l'Administration de la Nouvelle-Calédonie avait promis de donner 25 hectares de terrains aux anciens combattants indigènes en gratitude de leur service rendu à la Mère Patrie, mais cette promesse n'avait pas été respectée car ces anciens combattants n'avai[en]t pas eu ces terrains malgré qu'ils ont fait de nombreuses réclamations pour les avoir.

Beaucoup parmi ces anciens combattants sont décédés laissant des orphelins qui n'avaient aucun secours, et qui se sont grandis par leur propre soin puis aujourd'hui ils viennent servir comme leurs pères sous le drapeau.

Les familles indigènes ayant plusieurs fils sous le drapeau ne perçoivent pas de soutien de famille également.
Il n'y a que les hommes mariés que leurs femmes et enfants perçoivent qu'une faible allocation familiale.

Nous vous demandons Monsieur [le] Gouverneur, de voir également le Comité pour modifier cet état de choses très défavorables aux intérêts des indigènes calédoniens qui sont toujours des actifs et fidèles serviteurs de la France.

Dans l'espoir que votre haute philanthropie fera prendre nos demandes avec considération nous vous prions d'agréer avec l'expression de nos sentiments respectueux et dévoués, nos remerciements anticipés.

Vos fidèles serviteurs

Le caporal tirailleur C. Braïno

Les Calédoniens par eux-mêmes

Pour les descendants des premiers colons, il a longtemps été difficile de penser leurs relations avec l'histoire de la Nouvelle-Calédonie. Si Georges Baudoux (1870-1949) a chanté les pionniers et nourri l'idéologie paternaliste à l'égard des Kanak, si Jean Mariotti (1901-1975) a médité sur l'ambiguïté de la présence européenne en terre mélanésienne, les auteurs calédoniens d'aujourd'hui s'efforcent de définir l'identité de leur communauté quand celle-ci s'achemine peut-être vers une prise de conscience de la violence du fait colonial.

De la Caldochie

Descendant de familles issues des deux colonisations libre et pénale, Louis-José Barbançon, professeur d'histoire, spécialiste du bagne, appartient au petit groupe de Calédoniens ayant ouvert un dialogue de fond avec les Kanak et avec eux-mêmes. Il témoigne ici avec justesse du trouble qui s'empare des «Caldoches» quand il leur faut se définir.

Les rapports entre caldoches et «métros» ont toujours été complexes et conflictuels. A la différence du Kanak le «métro» est souvent pour le Calédonien celui qui bloque sa promotion sociale, son avancée dans l'Administration comme dans le secteur privé. C'est toujours au «métro» qui vient de débarquer que l'on confie les responsabilités de chef. Le Calédonien, même quand il fait le travail, reste l'éternel adjoint. On ne compte plus, en Nouvelle-Calédonie, les retraités qui occupent un deuxième emploi ou les épouses de fonctionnaires expatriés qui trouvent, dès leur arrivée, un poste que l'on a réservé pour elles. [...]

Aussi, même dans la conjecture présente, le «métro» n'est pas vraiment admis, il demeure étranger, l'autre, dans lequel le caldoche ne se retrouve pas. Quand ce dernier voit ses rues parcourues de militaires en service ou en permission, cheveux ras, le menton en avant, roulant des mécaniques et ses plages jonchées des débris de toutes les armées coloniales françaises venus profiter du soleil et de la retraite indexée, même s'il se console en disant que c'est le prix à payer pour ne pas être «emmerdé par les Kanaks», le zoreille reste pour lui l'envahisseur. [...]

Cependant, le caldoche ne va jamais au bout de sa révolte contre le métropolitain, il gesticule, fait beaucoup

de bruit mais finit toujours par penser : «ils doivent avoir raison, ils viennent de France.» Il subit lui aussi, et peut-être plus que le Kanak, l'aliénation coloniale. Depuis le début de leur histoire on a voulu culpabiliser les Calédoniens, d'abord par leur origine du bagne; puis en les persuadant que, sans la France, ils ne sont rien; ensuite en présentant la France comme le seul rempart contre les Kanaks, tout en disant aux Kanaks la même chose, mais en sens inverse; enfin culpabilité suprême : comment n'ont-ils pas honte de coûter si cher à la France? Le caldoche véhicule le poids de ces culpabilités et tente de justifier ses contradictions, en essayant d'établir naïvement, une différence entre, d'un côté la France et les Français de France et, de l'autre les «métros» avec lesquels il vit tous les jours.

Tout ceci contribue à ce que les caldoches refoulent leur nationalisme calédonien. Cela ne vient pas du fait qu'ils aiment les Français mais plutôt du fait qu'ils aiment encore moins les Kanaks; j'ai toujours pensé que s'il n'y avait pas les Kanaks, la Nouvelle-Calédonie serait la Corse du Pacifique, avec un sentiment national multiplié par la distance et une violence décuplée par les inégalités sociales entre métropolitains et locaux. […]

Cette incapacité à se voir tel qu'il est, cette prédominance au repli sur soi, cette accumulation de culpabilités enfouies, cette tendance à condamner tous ceux d'entre les siens qui osent s'écarter du modèle déposé, et qui deviennent alors à ses yeux : «enkanakés», ou pire «enzoreillés», c'est tout cela en même temps le caldoche de base. Pourtant, il se croit sincèrement le centre indispensable sans lequel rien ne peut exister en Nouvelle-Calédonie. Il continue à répéter : «Sans nous les Kanaks ne peuvent rien faire.» [...]

Pendant longtemps, c'est ce double sentiment, de supériorité vis-à-vis du Kanak, et d'altérité aliénée, vis-à-vis du métropolitain, qui a prévalu. On ne peut pas vraiment appeler cette confuse sensation du racisme, au sens où il peut être vécu en Alabama ou en Afrique du Sud. Néanmoins, les germes existent au fond de chacun. [...]

Malgré tous leurs défauts, il faut bien reconnaître qu'on n'a laissé aucune chance aux Calédoniens et je ne peux m'empêcher de penser qu'il y a parmi eux une majorité de braves gens, prêts à rendre service, souvent le cœur sur la main, mais pour qui l'intrusion de la politique dans la vie de tous les jours a provoqué un choc dont ils ne se sont pas remis. [...]

C'est Titin, un éleveur de Bourail, qu'ils ont élu au Congrès comme représentant de la Caldochie profonde, qui a le mieux révélé leur état d'esprit, dans une envolée sans réplique : «Mais pourquoi ils veulent tout changer les Kanaks? Nous, on est bien comme ça.»

Toute la Caldochie tient dans cette phrase. C'est à la fois peu et beaucoup; beaucoup, dans la situation présente, laquelle exige des efforts de compréhension, de tolérance, d'ouverture et non pas de renfermement sur soi-même; peu, pour mériter vraiment une Diaspora. [...]

Tel m'apparaît alors ce peuple auquel j'appartiens : réfugié dans son splendide isolement, irritable et comique dans sa bêtise, naïf jusqu'à l'inconscience, passionné jusqu'à la folie, et pourtant tellement généreux et tellement attachant comme le sont tous ces peuples dont le destin est d'avoir toujours quelque chose à se faire pardonner ou toujours quelque chose à prouver.

Louis-José Barbançon,
Le Pays du Non-Dit. Regards sur la Nouvelle-Calédonie, Offset Cinq Edition, La Mothe-Achard, 1992

L'Autre

Dans cette courte pièce, Nicolas Kurtovitch, poète et dramaturge calédonien, met en scène deux personnages marquants de l'histoire de l'archipel. Joseph Bouarate, qui mena la vie dure aux religieux et militaires français, incarne ici l'esprit kanak dont l'inexpugnable présence hante et culpabilise le colonisateur; Jean Taragnat, père mariste, ancêtre maternel de l'auteur, qui, avec monseigneur Douarre, installa la première mission catholique à Balade en 1843. Le dialogue fictif entre les deux hommes permet à Nicolas Kurtovitch d'évoquer l'inéluctable cohabitation des Kanak et d'une partie des Européens.

BOUARATE

Je te dis que je ne suis pas là, je ne vais pas m'embêter à monter sur ce bateau. Je suis seulement dans ton esprit, d'où tu ne m'extirperas jamais. Voilà ce qu'il te faut comprendre, voilà le secret, nous sommes ensemble pour toujours. Si tu comprends ça, si ta famille comprend ça, elle sera sauvée.

TARAGNAT

Sauvée, mais sauvée de quoi? Parce qu'il y aurait un danger qui nous menace?

BOUARATE

Sauvée de vous-même, sauvée de votre désir d'en finir avec nous, d'en finir avec ce qui vous dérange, et de la façon la plus expéditive encore. C'est ça le danger qui te menace, vouloir te débarrasser de nous, vouloir vivre comme si bientôt nous ne devions plus être là. Comme l'autre fou là-bas, il ne se rend même pas compte que les Tasmaniens dont il parle habitent déjà sa conscience, et qu'ils habiteront encore celle de ses propres enfants dans un siècle. Parce que vois-tu, jamais plus je ne disparaîtrai. Ni un coup de canon, ni un trait de crayon ne me feront disparaître. Tu dois t'habituer à vivre avec moi.

Eh ! Taragnat, comprends-tu ce mystère ? Je suis là, et je suis en même temps toujours chez moi à cultiver mon jardin. Je suis donc dans ton esprit, il n'y a pas d'autres solutions, et tu ne risques pas de te défaire de ton esprit, n'est-ce pas ? Alors inutile de vouloir te débarrasser de moi. Quelle magnifique révélation que voilà ! Ne trouves-tu pas Taragnat ?

TARAGNAT

Je ne comprends rien, mais sache que je ne veux pas me débarrasser de toi. Vivez votre vie Bouarate, je vais vivre la mienne, ici ou ailleurs, je ne sais pas encore. Pour le moment je m'en vais dans ma cabine, seul, tout simplement, tu le vois bien.

BOUARATE

Et toi tu vois bien que je suis toujours avec toi. Tu t'en vas dans ta cabine ? Bonne idée.

Mais tu crois t'être échappé, et cependant tu converses avec moi. Qu'est-ce que tu en penses ? La magie fonctionne bien, non ? Elle est définitive ! Elle fonctionnera, que tu sois ici ou à l'autre bout du monde.

TARAGNAT

Va-t'en Bouarate, s'il te plaît, je suis fatigué, ce rêve devient trop lourd à supporter. Laisse-moi, j'ai besoin de dormir. Ce bateau me devient insupportable. Le capitaine parle de disparition, de guerre, de puissance et d'armes, Douarre parle de Dieu, qui aurait voulu la mort de Marmoiton comme épreuve suprême de notre engagement à sa gloire, mais moi, mais à moi, qui vient me parler de ce que j'aime, de ce que je veux, d'une vie simple, en paix avec la terre entière ? Personne. Alors je t'invente, Bouarate, je te rêve et je me sens moins seul. Quelle folie, quel mauvais rêve !

BOUARATE

Je m'en vais, petit Jean, mais ne crois pas que ce n'est qu'un mauvais rêve. Nous sommes liés l'un à l'autre, je marquerai de ma présence chacune de tes pensées, même les plus secrètes, de toi et des tiens, pour les siècles à venir. Tu as voulu fouler cette terre pour y vivre et y faire vivre ton Dieu, grand bien te fasse, en prime tu as reçu la présence de ses fils et de ses filles. Ils sont là, ils sont bien chez eux, ils sont avec toi. Tu ferais bien à l'avenir d'écouter ton esprit plutôt que ta volonté, ton esprit sait qu'il ne vit plus seul.

Eh ! Taragnat, ne sois pas triste, je t'ai réservé une surprise ; parmi tous mes frères prétendant à habiter ton esprit, c'est moi qui ai été désigné. C'est MOI, Bouarate, que tu vas journellement côtoyer, je vais être ta conscience et ton doute. Tu vois en ce moment même, de quel tour de force je suis capable, alors réalise quelle chance tu as ! Je suis avec toi, et pour toujours. Nous allons vivre une grande aventure, nous allons être des héros magnifiques, toi et moi !

Allez, la vie est belle, ton bateau glisse bien sur l'eau avec notre alizé, et les plages sont belles. Tu verras, ensemble, on ne s'ennuiera pas !

Nicolas Kurtovitch,
L'Autre (pièce en un acte),
in *Le Sentier, kaawenya*,
Editions Grain de Sable, Nouméa, 1998

Une vision politique originale

Jean-Marie Tjibaou (1936-1989) est l'une des personnalités les plus remarquables que l'Océanie contemporaine ait connue. Son modèle de décolonisation, qui lie étroitement la reconnaissance culturelle à l'émancipation politique, a posé les conditions d'une réconciliation entre les communautés kanak et non kanak de Nouvelle-Calédonie.

Comparable à celle d'un Nelson Mandela ou d'un Isaac Rabin, l'œuvre politique de Jean-Marie Tjibaou est une contribution essentielle aux nouvelles formes de cohabitation pacifique entre les peuples qui s'esquissent désormais çà et là dans le monde.

Un humanisme militant

La biographie de Jean-Marie Tjibaou s'apparente à celle des principaux leaders océaniens contemporains. La vision du Pacifique développée par celui qui deviendra en 1984 le premier président du F.L.N.K.S. (Front de Libération Nationale Kanak Socialiste) nous renvoie en effet constamment aux diverses influences qui s'exercent sur les peuples indigènes d'Océanie.

Né en 1936 à Tiendanite, dans la vallée de la Hienghène, il sortira de cette petite réserve de la côte est de la Grande Terre par l'entremise de l'Eglise catholique. Il poursuit dans les écoles religieuses puis au séminaire des études qui l'éloignent de sa tribu durant plus de vingt

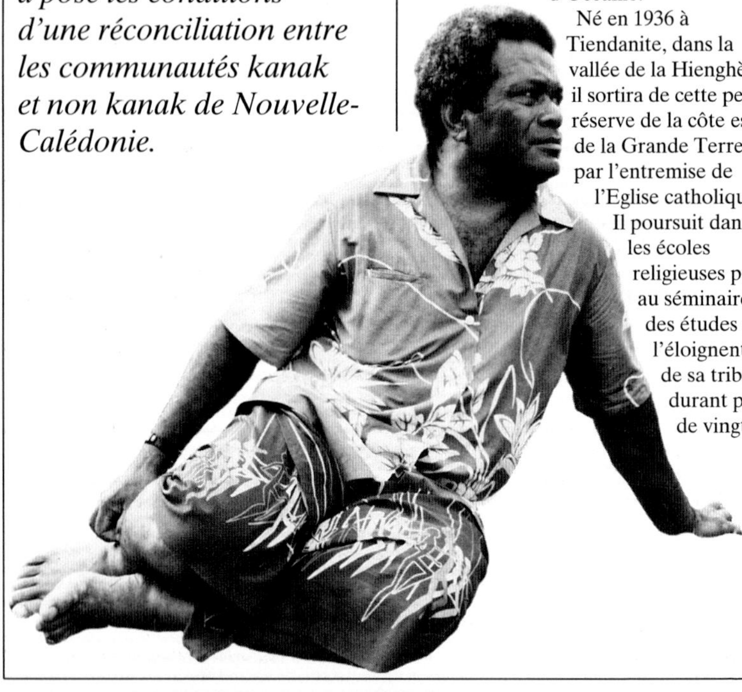

ans et le conduisent à la prêtrise. Chemin faisant, cette interminable scolarité ne lui donne accès qu'à peu de diplômes, tant dans les années cinquante la ségrégation est encore forte à l'égard des Kanak : de même que l'école publique ne les autorisait pas à dépasser le stade du certificat d'études, les écoles confessionnelles limitaient l'horizon des Mélanésiens à quelques postes subalternes de la hiérarchie ecclésiastique calédonienne. Devenu second vicaire de la cathédrale de Nouméa en 1966, Jean-Marie Tjibaou a le sentiment que le message évangélique est loin d'être mis en pratique de façon équitable pour aider le peuple kanak. Celui-ci traverse alors une crise économique et morale particulièrement aiguë, induite par les transformations imposées par l'essor économique sans précédent que connaît alors la Nouvelle-Calédonie. [...]

Dans le sillage de son attention à l'évolution récente des sociétés, Tjibaou reconsidère l'héritage traditionnel mélanésien dont l'Eglise l'avait éloigné. Malgré cette sorte de retour aux sources et sa réduction volontaire à l'état laïque en 1971, l'ancien prêtre restera très attaché à ses racines chrétiennes.

Un autre modèle de décolonisation

La pensée politique de Jean-Marie Tjibaou cherche à la fois à s'enraciner dans une singularité océanienne et à établir des liens avec les autres populations de par le monde qui ont eu à subir la colonisation française. Tjibaou, comme d'autres leaders indépendantistes kanak avant et après lui, a aussi cherché l'appui des « Non-Alignés », en s'inspirant de la stratégie diplomatique du Vanuatu. Cette quête de soutiens n'était pas exempte d'arrière-pensées : en agitant le spectre de l'Algérie, de l'Indochine, voire de la Libye, le mouvement kanak espérait attirer sur lui l'attention. Mais Tjibaou, pour sa part, appréhende les effets de la colonisation d'abord en termes culturels, avant de les critiquer de façon plus politique. Son « portrait du colonisé » a ceci d'original qu'il ne se calque pas sur les discours tiers-mondistes dominants à l'époque. Pourtant, à la fin des années soixante, les autres étudiants kanak séjournant en France puisent chez les penseurs révolutionnaires des concepts autant que des modèles ; Tjibaou pour sa part ne les reprend jamais à son compte, mais développe l'hypothèse d'un modèle kanak spécifique. Ce leitmotiv de sa pensée est empreint d'un humanisme marqué par l'influence de l'Eglise. Il cherche à établir des correspondances entre le local et l'universel, la civilisation kanak et toutes les autres civilisations. Il souhaite que des rapports d'échanges mutuels s'installent entre les cultures, rejetant l'idée d'un Occident qui serait seul susceptible de dispenser des bienfaits à l'humanité.

Alban Bensa et Eric Wittersheim,
« Nationalisme et interdépendance.
La pensée politique
de Jean-Marie Tjibaou »,
Revue *Tiers-Monde*, n° 149,
janvier-mars 1997

Du spécifique à l'universel

La publication des écrits et propos de Jean-Marie Tjibaou a montré la cohérence et la force d'une pensée tout entière tendue vers la recherche de solutions politiques qui fassent que le meilleur de la culture kanak soit pris en compte par les futures institutions d'une Nouvelle-Calédonie enfin décolonisée. Dans cet extrait d'un entretien réalisé en 1984, J.-M. Tjibaou médite sur les problèmes posés par une renaissance culturelle kanak qui doit nécessairement assumer son insertion dans le monde moderne.

La situation actuelle que vivent les Mélanésiens de Nouvelle-Calédonie est une situation de transition, marquée par beaucoup d'hésitations. Les éléments de la modernité sont là, mais nous manquons de modèles intégrant le traditionnel et le moderne. C'est donc le temps du débat entre l'option pour la modernité et la peur de perdre son identité. Ce débat sera long et il nous faudra surmonter cette contradiction. La symbiose entre le traditionnel et le moderne s'opère en effet par la force des choses. Les nouvelles formes d'expression la réalisent par l'intégration du matériel. Les sons sortent de la guitare, mais c'est pour accompagner des thèmes poétiques ou contemporains spécifiquement mélanésiens. De même les manous (pagnes), les sifflets de rythme, les peintures et poudres décoratives, l'harmonica et les tambours utilisés aujourd'hui dans nos danses, nos pilous, matérialisent-ils cette intégration de la modernité, de l'extérieur. Nous intégrons, de manière peut-être moins nette, les éléments de cultures environnantes dans notre chorégraphie.

Enfin, il y a l'utilisation du matériel linguistique français, et d'ailleurs aussi anglais, dans les poèmes et les chants, en concurrence avec des emprunts faits aux autres cultures océaniennes. On peut dire qu'il y a mouvement, et mouvement historique, de la société mélanésienne pour reconquérir une identité nouvelle construite sur la base de sa tradition, mais à travers la mobilisation d'éléments matériels d'emprunt et l'utilisation des stéréotypes de la culture universelle proposés aujourd'hui surtout par les médias.

L'hésitation qui persiste résulte essentiellement du fait que nous manquons encore de chantres de la culture mélanésienne pour nous proposer des modèles nouveaux, des créations artistiques de grande ampleur, propres à susciter la réflexion, à provoquer la prise de conscience des possibilités et à déclencher le mouvement créatif.

Il existe toutefois des essais, encore timides, surtout dans la chanson, et aussi dans les domaines de la peinture, de la sculpture, de la danse, de l'expression théâtrale.

On doit sans doute espérer une recrudescence de créations poétiques et littéraires, définissant les modèles d'une inspiration fondée sur la tradition kanak mais adaptée à l'environnement contemporain des Mélanésiens, celui de la ville. Tout autant que le salaire, l'acculturation dans ce nouveau contexte est vitale. Mais est aussi vital le besoin de se créer un environnement culturel où la modernité soit intégrée dans le souffle venu des ancêtres et sans lequel il ne peut y avoir de ressourcement.

[...] La reconstruction culturelle est un tout. La tâche des divers services relevant de l'action culturelle doit être de réfléchir, d'aider à réfléchir, pour intégrer la culture dans la vie, et notamment pour aménager l'espace, le cadre d'existence, en fonction du développement harmonieux des habitants, de la plus grande qualité de vie. L'aménagement du territoire obéit cependant aussi à des impératifs matériels. Considérez la dualité de l'espace dans la Nouvelle-Calédonie actuelle. Il faut essayer d'imaginer les solutions possibles pour triompher de l'irréductibilité des deux espaces qui s'y opposent. S'il n'est pas possible d'organiser la ville pour intégrer la tribu, tentons d'organiser le pays pour réaliser l'intégration simultanée de la ville et de la tribu. L'idée est celle-ci : on subventionne dans les villes les éléments qui contribuent à la qualité de la vie, terrains de sports, espaces de jeux, piscines, parcs… Pourquoi ne pas prendre en compte l'activité des travailleurs qui, en milieu rural, procurent des éléments de la qualité de vie par la fabrication de nattes, de paniers, la préparation de la monnaie traditionnelle, l'élaboration et l'exécution de discours, de chants, de danses. Ils participent, ce faisant, à ce concept d'un développement qui irait au-delà du simple bien-être procuré par les objets matériels obtenus grâce au salaire. L'argent moderne doit aider à la fabrication de l'argent traditionnel. Ces activités, l'aménagement de cases, l'amélioration du cadre dans les tribus, pourraient être rétribuées par des prises en charge non monétaires, des exonérations (sur le transport, par exemple, pour faciliter la mobilité et les échanges). Ces questions font l'objet d'une réflexion pour l'adaptation d'un budget, celle du plan.

Donc, reconstruction de la culture, oui, mais d'une culture intégrée à un aménagement d'ensemble du cadre de vie, des services, et qui leur impose un style pour le mieux-être de tous.

[…] Avec ses avantages, mais aussi ses contraintes, le milieu urbain est certes étranger à la société mélanésienne traditionnelle. L'anonymat, la lutte quotidienne pour se faire reconnaître, obtenir une place, occuper une situation, voire survivre, sont inconnus dans nos sociétés rurales. En venant en ville, les Mélanésiens savent qu'ils devront affronter des références nouvelles, celles de la société industrielle : l'efficacité, la rentabilité, la programmation rigoureuse des actes, et aussi l'individualisme et la solitude, en contradiction avec la facilité illusoire de la communication et des échanges.

Ces contraintes s'introduisent dans la tribu, en milieu rural, dès qu'elle comprend des salariés, et elle se trouve alors, elle aussi, entraînée dans le mouvement, dans le partage d'un autre système de « valeurs ». Comment composer avec ce bouleversement, rester nous-mêmes en étant à l'aise dans ce nouveau cadre, tel est notre problème.

Or il faut se rappeler, pour comprendre notre malaise et nos aspirations, que nous ne sommes pas encore décolonisés. Nous percevons toujours l'environnement non kanak auquel on nous demande d'adhérer, non seulement à travers les aliénations foncières, mais aussi à travers l'obstacle des examens, les rigueurs de la gestion, les règles froides de l'économie. Ce monde « moderne », que nous n'avons pas encore exorcisé, continue à porter la marque d'une colonisation qui nous diminue, qui nous châtre. La persistance de l'amnésie organisée de la réalité kanak, le refus de la reconnaissance des métissages, la négation des vestiges, le montrent bien. Le système colonial a fait des Kanak des anonymes. Nous ne sommes pas devenus marginaux par hasard, ou par simple refus passif. Si je peux aujourd'hui partager avec un non-Kanak de ce pays ce que je possède de culture française, il lui est impossible de partager avec moi la part d'universel contenue dans ma culture. La conciliation de la ville et du milieu rural passe donc par la reconnaissance de la personnalité mélanésienne et la restauration complète de nos valeurs.

Jean-Marie Tjibaou,
La Présence kanak,
Edition établie et présentée
par Alban Bensa et Eric Wittersheim,
Odile Jacob, Paris, 1996

Le centre Tjibaou

Dans l'imagerie coloniale française, les Kanak ont fait les frais des stéréotypes les plus méprisants. Ils ont longtemps nourri les divagations européennes sur le « primitif » ou le « chaînon manquant ». Toutefois, en accédant à la citoyenneté en 1946 puis en luttant pour se voir reconnu le droit fondamental au respect et à la décolonisation, les Kanak ont progressivement imposé une image positive d'eux-mêmes. L'édification par la France d'un centre culturel qui leur est dédié constitue l'aboutissement majeur de ce processus de revalorisation dont Jean-Marie Tjibaou fut l'un des plus tenaces artisans.

L'idée d'un lieu voué à la culture mélanésienne de Nouvelle-Calédonie est née de la volonté des Kanak d'affirmer avec force leur présence sur la scène contemporaine. Auparavant, la magistrale collection d'œuvres et d'objets traditionnels visibles au Musée de Nouméa pouvait certes témoigner de leur civilisation, du moins dans ses formes les plus traditionnelles. Mais il restait en revanche très difficile d'accéder à la compréhension de ce monde tel qu'il se singularise et s'exprime aujourd'hui. Regardant du haut d'un immeuble la ville de Nouméa en proie aux violences de la répression anti-kanak, Jean-Marie Tjibaou ne confiait-il pas, en 1987 : « Il nous faudrait ici un grand centre culturel pour dire aux Blancs qui nous sommes » ?

Trois années d'affrontements et les tragédies d'Ouvéa de 1988 et 1989 furent hélas encore nécessaires pour que cette exigence se concrétise. Fruit d'un combat lourd en victimes, le projet, après la signature, en juin 1988, des Accords de Matignon, se devait d'illustrer une situation politique nouvelle qui ne tolérerait plus la négation du peuple autochtone de l'archipel. Pour répondre à une attente aussi pathétique, le bâtiment ne pouvait que célébrer l'existence de la civilisation mélanésienne de Nouvelle-Calédonie.

Architecture et ethnologie

Renzo Piano sut se donner les moyens de concevoir un tel espace en associant à son travail architectural les acquis de l'ethnologie. Pour concevoir le projet présenté au concours international puis réaliser la construction du centre, le Renzo Piano Building Workshop a en effet fait appel à ma connaissance du monde kanak.

Comment couler une civilisation

rurale du Pacifique – à l'origine sans constructions pérennes et sans villes – dans une forme bâtie contemporaine ? Seul un dessin qui saisisse les grandes lignes de la civilisation kanak dressé par un anthropologue pouvait traduire ce monde dans le langage de l'architecture. Ainsi fut fait à Gênes quand, écoutant mes descriptions du monde mélanésien, Renzo Piano jeta sur le papier les premières esquisses de l'actuel centre Tjibaou. Notre dialogue, échange de mots et de croquis, retint trois principes directeurs :

– respecter la dispersion traditionnelle de l'habitat kanak sur une longue allée montante,

– retrouver l'élan vertical des cases qui, reprenant celui des grands arbres (araucarias, cocotiers), donnait aux demeures d'autrefois toute leur majesté,

– maintenir le rapport à la nature environnante qui caractérise si fortement cette civilisation du végétal.

La reprise de cette organisation de l'espace ne risquait-elle pas d'aboutir à une copie de l'architecture kanak traditionnelle dans des matériaux modernes ? Le bâtiment aurait alors renoué avec les poncifs de l'architecture coloniale qui souvent intègre des formes « indigènes » au titre de simple décor comme pour mieux souligner les rapports de domination dans lesquels la culture locale se trouve prise. C'est pourquoi, se gardant de tout faux réalisme, Piano et son équipe se sont simplement laissés inspirer par une thématique spatiale sans chercher à en réaliser un décalque pseudo-conforme. La libre interprétation de la partition permet de faire de la présence du monde kanak dans l'édifice non pas une reproduction à l'identique mais un souvenir référentiel. Par ce démarquage, Piano peut penser l'ouverture de cette culture à ce qui n'est pas elle et, par là, la tourner vers l'extérieur et vers l'avenir.

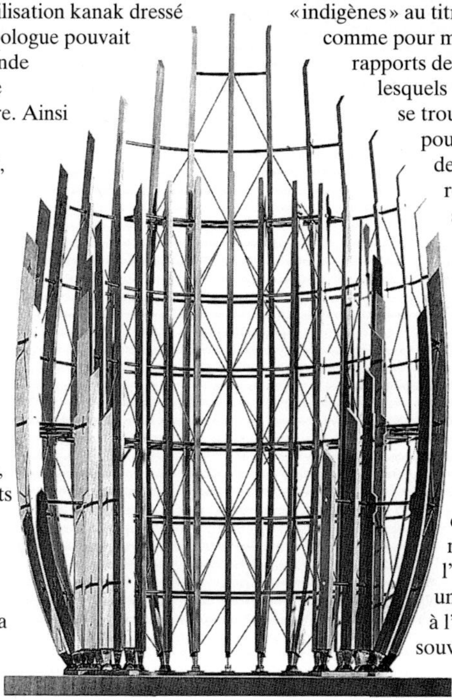

Maquette en bois d'une des «cases».

L'allée centrale, colonne vertébrale du centre, est une galerie couverte, à l'armature métallique et aux murs de verre munis de volets ouvrants ; son sol couleur sable est d'un béton spécial mêlé à du corail. L'axe, tracé sur la crête aplanie de la presqu'île de Tina, en montant légèrement donne accès à deux types d'espaces :

– Du côté de la mer, le dos aux alizés du sud-est, se dressent ces « mémoires de cases », dit Piano, qui font l'identité du centre. Ces dix structures en demi-cercle jettent vers le ciel des perches en lamellé-collé d'iroco qui supportent des panneaux du même bois toujours plus ajourés à mesure qu'on s'élève. La double paroi des cases laisse passer le vent, puis le capte avant de le renvoyer vers l'intérieur, dotant ainsi le centre d'une climatisation naturelle.

– Du côté de la terre, s'étagent dans la combe descendant vers la lagune des parallélépipèdes vitrés à toits plats dont la transparence accorde une place de choix à la végétation dans laquelle l'édifice est enchâssé.

Cette structure duale, articulée autour de l'allée, est rythmée par un regroupement des bâtiments en trois grappes, trois « villages », chacun porteur d'une fonction dominante. A moins qu'il ne s'engage sur le « chemin kanak » – sentier sinueux qui court autour de l'édifice et traverse des sites plantés d'essences utilitaires ou symboliques –, le visiteur, le hall d'accueil une fois franchi, peut soit monter vers les cases de la médiathèque, des débats et de la pédagogie, face à la salle de spectacle, aux espaces d'expositions temporaires et aux locaux administratifs ; soit descendre vers les cases et les salles consacrées aux arts plastiques. Si dans ce dernier

ensemble une place est réservée à la présentation d'œuvres kanak anciennes empruntées aux musées du monde entier, l'essentiel de l'espace y est voué à l'art océanien contemporain.

En se tournant vers les artistes d'aujourd'hui, le centre Tjibaou souhaite contribuer à l'élan créatif qui désormais porte les peuples du Pacifique à repenser leur héritage historique. Aborigènes d'Australie, Papous, Maoris, Ni-Vanuatu, Kanak, etc. proposent depuis quelques décennies des œuvres qui échappent à l'emprise ethnique pour s'ouvrir à des problématiques plus universelles. C'est bien là la visée de l'architecture du centre culturel de Nouméa : le lieu glorifie autant la « coutume kanak » qu'il invite les Mélanésiens de Nouvelle-Calédonie à dialoguer avec les autres cultures du Pacifique et d'ailleurs. Les Kanak sont ainsi appelés à établir avec leur propre univers social et symbolique des rapports nouveaux. Le centre Tjibaou rassemble et donne à comprendre leur patrimoine mais lui fait côtoyer d'autres réalités culturelles. Par cette mise en perspective, au moment où la culture kanak est engagée à mieux se définir, voire à se « réinventer », il lui faut aussi se reconsidérer à l'aune de la mosaïque des cultures du Pacifique et du monde.

Exaltation et relativisation de soi ne s'opposent pas mais vont ici de pair. Le parti architectural et la programmation du centre déclinent au fond un même message politique : la reconnaissance du fait kanak doit ouvrir la voie à l'établissement de relations positives entre les Kanak et celles des communautés qui sont aussi profondément ancrées en Nouvelle-Calédonie. Rien n'étant jamais fortuit, cette philosophie implicite du bâtiment et de son contenu se retrouve au cœur de l'accord de Nouméa signé le 5 mai 1998, le jour même de l'inauguration du centre Tjibaou. L'édifice, dans son concept humaniste et résolument moderne, a été en quelque sorte rejoint par les négociateurs de la nouvelle charte qui doit, si ses habitants légitimes le souhaitent, progressivement conduire l'archipel vers l'indépendance. En s'imposant d'emblée comme le lieu où viennent se réfracter les problèmes de la Nouvelle-Calédonie, le centre Tjibaou en est aujourd'hui l'incontournable et prestigieux baromètre.

Alban Bensa

Assumer le passé pour construire l'avenir

Le préambule des accords de Nouméa est un acte moral et politique sans précédent dans l'histoire coloniale. En reconnaissant les torts faits aux Kanak mais aussi le rôle joué par les Européens dans les progrès techniques et économiques du Territoire, les négociateurs ont tenté de tourner la page d'un siècle et demi de colonialisme en Nouvelle-Calédonie.

Préambule des accords de Nouméa

1 - Lorsque la France prend possession de la Grande Terre, que James Cook avait dénommée «Nouvelle-Calédonie», le 24 septembre 1853, elle s'approprie un territoire selon les conditions du droit international alors reconnu par les nations d'Europe et d'Amérique, elle n'établit pas des relations de droit avec la population autochtone. Les traités passés, au cours de l'année 1854 et les années suivantes, avec les autorités coutumières, ne constituent pas des accords équilibrés mais, de fait, des actes unilatéraux.

Or, ce Territoire n'était pas vide.

La Grande Terre et les Iles étaient habités par des hommes et des femmes qui ont été dénommés Kanak. Ils avaient développé une civilisation propre, avec ses traditions, ses langues, la coutume qui organisait le champ social et politique. Leur culture et leur imaginaire s'exprimaient dans diverses formes de création.

L'identité kanak était fondée sur un lien particulier à la terre. Chaque individu, chaque clan se définissait par un rapport spécifique avec une vallée, une colline, la mer, une embouchure de rivière, et gardait la mémoire de l'accueil d'autres familles. Les noms que la tradition donnait à chaque élément du paysage, les tabous marquant certains d'entre eux, les chemins coutumiers structuraient l'espace et les échanges.

2 - La colonisation de la Nouvelle-Calédonie s'est inscrite dans un vaste mouvement historique où les pays d'Europe ont imposé leur domination au reste du monde.

Des hommes et des femmes sont venus en grand nombre, aux XIXe et XXe siècles, convaincus d'apporter le progrès, animés par leur foi religieuse, venus contre leur gré ou cherchant une seconde chance en Nouvelle-Calédonie. Ils se sont installés et y ont fait souche. Ils ont apporté avec eux leurs idéaux, leurs connaissances, leurs espoirs, leurs ambitions, leurs illusions et leurs contradictions.

Parmi eux certains, notamment des hommes de culture, des prêtres ou des pasteurs, des médecins et des ingénieurs, des administrateurs, des militaires, des responsables politiques ont porté sur le peuple d'origine un regard différent, marqué par une plus grande compréhension ou une réelle compassion.

Les nouvelles populations sur le Territoire ont participé, dans des conditions souvent difficiles, en apportant des connaissances scientifiques et techniques, à la mise en valeur minière ou agricole et, avec l'aide de l'Etat, à l'aménagement de la Nouvelle-Calédonie. Leur détermination et leur inventivité ont permis une mise en valeur et jeté les bases du développement.

La relation de la Nouvelle-Calédonie avec la métropole lointaine est demeurée longtemps marquée par la dépendance coloniale, un lien univoque, un refus de reconnaître les spécificités, dont les populations nouvelles ont aussi souffert dans leurs aspirations.

3 - Le moment est venu de reconnaître les ombres de la période coloniale, même si elle ne fut pas dépourvue de lumière..[...]

La colonisation a porté atteinte à la dignité du peuple kanak qu'elle a privé de son identité. Des hommes et des femmes ont perdu dans cette confrontation leur vie ou leurs raisons de vivre. De grandes souffrances en sont résultées. Il convient de faire mémoire de ces moments difficiles, de reconnaître les fautes, de restituer au peuple kanak son identité confisquée, ce qui équivaut pour lui à une reconnaissance de sa souveraineté, préalable à la fondation d'une nouvelle souveraineté, partagée dans un destin commun.

4 - La décolonisation est le moyen de refonder un lien social durable entre les communautés qui vivent aujourd'hui en Nouvelle-Calédonie, en permettant au peuple kanak d'établir avec la France des relations nouvelles correspondant aux réalités de notre temps.

Les communautés qui vivent sur le Territoire ont acquis par leur participation à l'édification de la Nouvelle-Calédonie une légitimité à y vivre et à continuer de contribuer à son développement. Elles sont indispensables à son équilibre social et au fonctionnement de son économie et de ses institutions sociales. Si l'accession des kanak aux responsabilités demeure insuffisante et doit être accrue par des mesures volontaristes, il n'en reste pas moins que la participation des autres communautés à la vie du Territoire lui est essentielle.

Il est aujourd'hui nécessaire de poser les bases d'une citoyenneté de la Nouvelle-Calédonie, permettant au peuple d'origine de constituer avec les hommes et les femmes qui y vivent une communauté humaine affirmant son destin commun.

La France est prête à accompagner la Nouvelle-Calédonie dans cette voie.

Pour le F.L.N.K.S : Roch WAMYTAN, Paul NEAOUTYINE, Charles PIDJOT, Victor TUTUGORO-

Pour le Gouvernement .et ses représentants sur place Alain CHRISTNACHT, Thierry LATASTE

Pour le R.P.C.R. Jacques LAFLEUR, Pierre FROGIER, Simon LOUECKHOTE, Harold MARTIN en présence de Dominique BUR

Nouméa, 5 mai 1998

CHRONOLOGIE

1774	James Cook (1728-1779) découvre et dénomme la Nouvelle-Calédonie.
24-9-1853	L'amiral Auguste Febvrier-Despointes (1796-1855) prend possession de la Nouvelle-Calédonie et de ses dépendances au nom de la France.
1863	Jules Garnier (1839-1904) explore la Grande Terre et découvre la richesse minière de la Nouvelle-Calédonie.
	La Nouvelle-Calédonie est décrétée lieu de transportation pour les condamnés aux travaux forcés.
1872	Première déportation de Communards et de révoltés kabyles.
1876	Premières délimitations du domaine des tribus kanak; elles sont l'occasion de spoliations massives.
juin 1878-juin 79	Grande insurrection kanak dans le centre de la Nouvelle-Calédonie. 200 Européens et plus d'un millier de Kanak sont tués, dont le chef Ataï.
1887	Statut de l'Indigénat : les Kanak sont notamment contraints à demeurer dans des réserves.
1894	Arrivée du gouverneur Paul Feillet (1857-1903), qui met un terme à l'envoi de bagnards vers la Nouvelle-Calédonie et essaie de développer une colonisation de peuplement.
1915	Départ du premier contingent de volontaires kanak pour participer à la Grande Guerre.
	Révolte kanak dans le nord-est de la Nouvelle-Calédonie.
1931	A Paris, en marge de l'Exposition coloniale, des Kanak sont exposés en cage au bois de Boulogne.
1940	La colonie se rallie à la France libre.
1946	Jeanne Tunica crée le Parti Communiste Calédonien, qui se développe très rapidement.
	Suppression du code de l'Indigénat; les Kanak deviennent des citoyens français à part entière.
1956	Vote de la loi-cadre (loi Defferre).
1957	La Nouvelle-Calédonie devient Territoire d'Outre-Mer.
18-6-1958	2 500 manifestants, s'inspirant des événements d'Algérie, envahissent l'Assemblée territoriale, séquestrent des élus et décrètent l'abrogation de la loi-cadre.
1963	Lois Jacquinot réduisant l'autonomie du pouvoir territorial.
1968	Début du «boom du nickel».
1969	Lois Billotte : Paris s'assure le contrôle des mines de la Grande Terre.
1972	Circulaire Messmer, encourageant de nouvelles immigrations blanches et polynésiennes.
1975	Le PALIKA (indépendantiste) naît de la fusion des Foulards rouges et du Groupe 1878.
	Organisation par Jean-Marie Tjibaou, avec l'aide des pouvoirs publics, du festival Mélanésia 2000.
1977	J.-M. Tjibaou, F. Burck, E. Machoro, Y. Yeiwéné, P. Declercq entrent à l'U.C. qui s'assigne pour objectif l'indépendance.
1982	Avec l'appui de la F.N.S.C., le F.I. obtient la majorité à l'Assemblée territoriale.
1983	Sous l'égide de Georges Lemoine, le F.I. et J. Lafleur (pour le R.P.C.R.) élaborent les accords de Nainville-les-Roches, reconnaissant la légitimité de la revendication kanak, le devoir d'accueil des Mélanésiens vis-à-vis des «victimes de l'histoire» caldoches et la nécessité de l'exercice de l'autodétermination.
1984	En août, création du F.L.N.K.S., qui boycotte les élections territoriales du 18 novembre; la situation à l'intérieur de la Nouvelle-Calédonie devient quasi insurrectionnelle.
1985	Le 7 janvier, E. Pisani dépose ses «Propositions pour la Nouvelle-Calédonie» (projet d'indépendance-association).

	Le 12 janvier, à La Foa, E. Machoro et M. Nonaro sont abattus par des gendarmes du G.I.G.N.; l'état d'urgence est proclamé.
1986	Le statut Pons est mis en place en juillet; la tension monte de nouveau sur le Territoire.
1988	Le F.L.N.K.S. se mobilise contre l'application du statut Pons. Le 22 avril, la gendarmerie de Fayaoué, dans l'île d'Ouvéa, est attaquée par des indépendantistes. Le 5 mai, l'armée française libère les otages; 2 soldats et 19 Kanak sont tués. Le 26 juin, J.-M. Tjibaou, J. Lafleur et M. Rocard signent les accords de Matignon.
1989	Le 5 mai, J.-M. Tjibaou et Y. Yeiwéné sont assassinés par Djubelly Wéa. Création de l'Agence pour le Développement de la Culture Kanak.
1990	Aux élections provinciales, le F.L.N.K.S. prend le contrôle de la Province nord et de celle des îles Loyauté; le R.P.C.R. reste majoritaire dans la Province sud.
1992	Jacques Lafleur vend à la Province nord un massif minier. Création de la Société mininère du Pacifique Sud.
1996	Le F.L.N.K.S rompt en avril les négociations avec le R.P.C.R. engagées sous l'égide du gouvernement Juppé puis fait de la mise en route d'un projet d'usine de retraitement du nickel dans le nord du Territoire le préalable à toute reprise des discussions.
1997	Décembre. Le gouvernement Jospin trouve une solution au contentieux minier entre le F.L.N.K.S et la société Eramet. Reprise des négociations.
1998	janvier. Arrivée d'une centaine de *boat-people* chinois en Nouvelle-Calédonie. 4 mai. Inauguration à Nouméa, en présence de Michel Rocard et de Lionel Jospin du centre culturel Tjibaou réalisé par Renzo Piano. 5 mai. Signature de l'accord de Nouméa qui invite les Calédoniens à se doter progressivement d'une «nouvelle citoyenneté». 8 novembre : référendum sur les accords de Nouméa.

Cette chronologie a été réalisée par Michel Naepels. Sources : Association pour la fondation d'un institut kanak d'histoire moderne, *Contribution à l'histoire du pays kanak*, Editions I.N.S., Nouméa, s.d.; *Regards sur l'actualité*, n° 107 et n° 144, La Documentation française, Paris, 1985.

BIBLIOGRAPHIE

I La Nouvelle-Calédonie dans le Pacifique

- Antheaume, B. et Bonnemaison J., *Atlas des îles et Etats du Pacifique Sud,* Montpellier-Paris, Gip-Reclus/Publisud, 1988.
- *Atlas de la Nouvelle-Calédonie et dépendances*, Paris, ORSTOM, 1981.
- Chesneaux, J. et Maclellan N., *La France dans le Pacifique. De Bougainville à Moruroa,* Paris, La Découverte/Essais, 1992.
- Guillebaud, J.-C., *Un voyage en Océanie,* Paris, Le Seuil, 1980.
- «Le Pacifique insulaire. Nations, aides, espaces», sous la dir. de J. Bonnemaison et J. Freyss, revue *Tiers-Monde,* n° 38, Paris, PUF, 1997.
- Mathieu, J.-L., *La Nouvelle-Calédonie,* Paris, Presses Universitaires de France, «Que sais-je ?», n° 2515, 1989 (rééd. 1995).

II Civilisation kanak (ethnologie, histoire)
- Bensa, A. et Rivierre, J.-C., *Les Chemins de l'Alliance. L'organisation sociale et ses représentations en Nouvelle-Calédonie,* Paris, Selaf, 1982.
- Boulay, R., éd., *De jade et de nacre. Patrimoine artistique kanak,* Paris, Réunion des musées nationaux, 1990.
- Haudricourt, A.-G. et Dibie, P., *Les Pieds sur terre,* Paris, A.-M. Métailié, 1987.
- Lambert, P., *Mœurs et superstitions des Néo-Calédoniens,* Nouméa, Nouvelle Imprimerie Nouméenne, 1900.
- Leenhardt, M., *Gens de la Grande Terre,* Paris, Gallimard, «L'espèce humaine», 1937.
- Naepels, M., *Histoires de terres kanakes,* Paris, Belin, 1998.
- Salomon-Nékiriai, C., *Savoirs, savoir-faire et pouvoirs thérapeutiques : guérisseurs kanak et relation de guérissage dans la région centre-nord de la Grande Terre*, Nouméa, ADCK-Province Nord, ADSPPK (ms), 1993.

IIa Traditions orales et littérature

- Bensa, A. et Rivierre J.-C., *Les Filles du rocher Até. Contes et récits paicî*, Paris-Nouméa, Geuthner-ADCK, 1994.
- Bogliolo, F., *Paroles et écritures. Anthologie de la littérature néo-calédonienne*, Nouméa, Les Editions du Cagou, 1994.
- Gorodé, D., *Sous les cendres des conques*, recueil de poèmes, Nouméa, Edipop, 1985.
- Gorodé, D., *Utê Mûrûnû, petite fleur de cocotier*, Nouméa, Editions Grain de Sable-Edipop, 1994.
- Ozanne-Rivierre, F., *Textes némi (Nouvelle-Calédonie)*, 2 vol., Paris, Selaf, 1979.
- Rivierre, J.-C., *Les Langues d'Océanie*, in «Océanie», *Encyclopædia Universalis*, vol. 11, 1968.

IIb Arts plastiques

- *Sculptures et peintres kanak contemporains. Ko i Névâ*, Nouméa, Agence de développement de la culture kanak, 1992.

III Histoire coloniale

- Dauphiné, J., *Les Spoliations foncières en Nouvelle-Calédonie (1853-1913)*, Paris, L'Harmattan, 1989.
- Dauphiné, J., *Canaques de la Nouvelle-Calédonie à Paris en 1931. De la case au zoo*. Paris, L'Harmattan, 1998.
- Dousset-Leenhardt, R., *Colonialisme et contradictions. Nouvelle-Calédonie 1878-1978. Les causes de l'insurrection de 1878*, Paris, L'Harmattan, 1978.
- Garnier, J., *Voyage autour du monde : Océanie, les îles des Pins, Loyalty et Tahiti*, Paris, H. Plon, 1871 (2e éd. 1875).
- Merle, I., *Expériences coloniales. Nouvelle-Calédonie 1853-1920*, Paris, Belin, 1995.
- Michel, L., *Mémoires*, Paris, F. Roy, 1886.
- Saussol, A., *L'Héritage. Essai sur le problème foncier mélanésien en Nouvelle-Calédonie*, Paris, Musée de l'Homme, 1979.
- Shineberg, D., *Ils étaient venus chercher du santal*, Nouméa, Société d'études historiques de la Nouvelle-Calédonie, 1973.

IV Situation contemporaine

- Ataba, A. A., *D'Ataï à l'indépendance*, Nouméa, Edipop, 1984.
- Barbançon, L.-J., *Le Pays du Non-Dit. Regards sur la Nouvelle-Calédonie*, La Mothe-Achard, Offset Cinq Edition, 1992.
- Bensa, A., *Chroniques kanak. L'ethnologie en marche*, vol. 10, n° 18-19, Paris, Ethnies, 1995.
- Besset, J.-P., *Le Dossier calédonien. Les enjeux de l'après-référendum*, Paris, Editions La Découverte, 1988.
- Christnacht, A., *La Nouvelle-Calédonie*, Paris, La Documentation Française, 1987.
- Dommel, D., *La Crise calédonienne. Rémission ou guérison?*, Paris, L'Harmattan, 1993.
- Duroy, L., *Hienghène, le désespoir calédonien*, Paris, Editions Bernard Barrault, 1988.
- Freyss, J., *Economie assistée et changement social en Nouvelle-Calédonie*, Paris, PUF, 1995.
- Kohler, J.-M. et Wacqant, L. J. D., *L'Ecole inégale. Eléments pour une sociologie de l'école en Nouvelle-Calédonie*, Nouméa, Institut culturel mélanésien, 1985.
- Leblic I., *Les Kanak face au développement. La voie étroite*, Nouméa-Grenoble, ADCK/Presses Universitaires de Grenoble, 1993.
- «Nouvelle-Calédonie : pour l'indépendance», revue *Les Temps modernes*, n° 464, mars 1985.
- Plenel E. et Rollat A., *Mourir à Ouvéa. Le tournant calédonien*, Paris, La Découverte/Le Monde, 1988.
- Rollat A., *Tjibaou le Kanak*, Lyon, La Manufacture, 1989.
- Spencer M., Ward A., Connell J., *Nouvelle-Calédonie. Essais sur le nationalisme et la dépendance*, Paris, L'Harmattan, 1989.
- Tjibaou J.-M., *La Présence kanak*, édition établie et présentée par A. Bensa et E. Wittersheim, Paris, Editions Odile Jacob, 1996.
- Tristan A., *L'Autre Monde. Un passage en Kanaky*, Paris, Gallimard, 1990.
- Wénéhoua, M., (éd.), *Notre pays demain… Réflexion philosophique sur l'avenir de la Nouvelle-Calédonie*, Editions du Niaouli, Nouméa, 1996.

TABLE DES ILLUSTRATIONS

CHAPITRE I

CHAPITRE II

Andrew Cheyne en 1842. Mitchell Library, Sydney.
55 Monseigneur Rougeyron, photographie. Collection Serge Kakou, Brignoles.
56-57h Construction de l'église de Maré. François Beaulieu, missionnaire mariste enseigne à ses ouailles comment construire une église, photographie. *Idem.*
56-57b Mission de Pouébo, photographie, vers 1870
58h Le déporté Berezowski sur sa concession à Bourail, photographie. Collection Serge Kakou, Brignoles.
58-59b Embarquement de femmes vers la Nouvelle-Calédonie gravure.
59b Le bagne à l'île Nou, photographie. Mitchell Library, Sydney.
60-61 Internat de la Fonwhary vers 1895, photographie. Collection Serge Kakou, Brignoles.
62 Gardiens mélanésiens et leur chef au bagne de l'île Nou, photographie.
63 Condamnés aux travaux forcés avec chaîne sur travaux de route à Tomo, photographie.
64 Construction d'une paillotte à la déportation, lithographie de Loth in *Album de l'île des Pins*, 1878.
65h Arasement de la butte Coneau à Nouméa par les bagnards, photographie.
65b Forçats libérés vers 1900, photographie.
66h Case de déportés à l'île des Pins, photographie. Collection Serge Kakou, Brignoles.
66b Louise Michel, photographie.
67h En-tête de facture des établissements Barrau. Collection Serge Kakou, Brignoles.
67b Les établissements Pizany, société d'exportation, photographie.
68h Vendeurs de journaux à Nouméa, photographie.
68b Cour de ferme à Do Néva, photographie Leenhardt, 1910.
69 Maison d'habitation de M. Pion, planteur à Canala, gravure.
70h Le gouverneur Feillet, photographie. Collection Serge Kakou, Brignoles.
70b James Paddon, premier colon en Nouvelle-Calédonie, photographie.
71 Calédoniens à cheval, photographie de Devambez.
72-73 La propriété Laurie à Canala (caférie), photographie, 1874. Collection Serge Kakou, Brignoles.
74-75 Un colon de la côte est sur sa concession, photographie. *Idem.*
76-77 Colon avec Kanak. *Idem.*
78 Transport du minerai de nickel, photographie de Hughan, 1875.
79 Thio, train de minerai de nickel allant à la prise d'essais, photographie de Nething.
80-81b Panorama de Nouméa pris de l'Artillerie, photographie.
81 Place du marché à Nouméa, carte postale.
82-83 Nouméa, entrée de la passe, carte postale coloriée.
84-85 Panorama de Nouméa, peinture de Gaston Roullet, Haut Commissariat, Nouméa.
86 Le chef Ataï, gravure.
87h Le chef Oundé Touré efface les traces de pas de sa fille sur le sable pour que la honte ne soit pas rendue publique.
87b Envoyé français chez les Kanak, gravure in *Le Tour du Monde*.
88 Les Kanak de Nouvelle-Calédonie, protège-cahier. Musée de l'Education, Rouen.
89 Attaque d'un colon, gravure in *Souvenirs de la Nouvelle-Calédonie. L'Insurrection canaque,* Henri Rivière, 1881.
90-91 Dessins in *Voyage en Nouvelle-Calédonie* de Roger Victor, 1883. De g. à d. et de h. en b. : «Dans la brousse», «Mes Canaques avant la révolte, massacre du 26 juin 1878», «Danse de guerre pendant l'insurrection», «La fuite avec ma famille».
92 Le chef Kaké de Canala, portant une sagaie avec doigtier, photographie de Hughan.
93h Une du *Courrier illustré de Nouvelle-Calédonie*, 1878.
93b Police indigène, photographie de Hughan, 1874.
94 Leenhardt avec le pasteur Eleisha Nébaye, photographie.
95 Départ du premier contingent calédonien le 25 avril 1915, photographie.
96 Banian à l'île Nou, photographie.
97 Le minerai de nickel est versé dans une trémie, photographie.
99g Le transporteur, mise en tas et station de renvoi, Thio, 1908, photographie.
99d Thio, plan incliné des mines de nickel, gravure in *La Nouvelle-Calédonie et les Nouvelles Hébrides*, Le Chartier, 1885.
100 *Les Aventures d'Anacharsis Robinet*, bande dessinée.
101 Philippe François, naturaliste et voyageur à la fin du XIXe siècle, photographie.
102 Publicité des établissements Ballande.
103 Colons et Kanak dans les années trente, photographie.

CHAPITRE III

104 Calédoniens et Mélanésiens dans les années trente, photographie, Collection Serge Kakou, Brignoles.
105 Cité Pierre Lenquette, Nouméa, photographie.
106 «Notre domaine»,

TÉMOIGNAGES ET DOCUMENTS

INDEX

A

B

C

D

E - F

CRÉDITS PHOTOGRAPHIQUES

A.I.S.D.P.K., Paris 109 112 114. Agence culturelle kanak, Nouméa 178. Agence France Presse/Duval, Paris 116h. Alban Bensa, Paris 49, 111, 128, 131. Archives d'outre-Mer, Aix-en-Provence 67b. Archives Gallimard Jeunesse. 1-9, 16g, 17, 19h, 26, 31g, 34, 44, 46g, 47, 48, 53b, 58-59b, 84-85, 86-87b, 93h, 100h, 100m, 100b, 110, 115, 116b, 134, 137, 139, 141. Bernard Berger 155. Bibliothèque du Museum d'Histoire naturelle Paris 18. Bibliothèque nationale de France, Paris 1er plat de couv., 23h, 24d, 28-29, 50, 52, 56-57b, 70b, 79, 86, 89, 95, 96, 102. Roger Boulay 129. British Museum, Londres 14-15h, 14-15b. British Museum, Natural History, Londres 16d. Cedri/Rives, Paris 164. Charmet, Jean-Loup, Paris, 64, 65b, 68-69b. Collection Devambez, Bouloupari 71. Collection Leenhardt, Paris 11, 27h, 27b, 38, 80-81, 87h, 93b, 94, 97, 103. Collection Martinez, Paris 39, 63, 65h, 68h, 116b. Collection Max Shekelton, Nouméa 80-81, 82-83. Collection Serge Kakou, Brignoles, 25, 35g, 36-37, 40-41, 51, 55, 56-57h, 58h, 60-61, 62, 66h, 67h, 70h, 72-73, 74-75, 76-77, 104, 146, 149. D.R. 143. Edimedia, Paris 99d. Editing/J.F. Marin, Paris couv Ier plat, 164. Explorer, Paris 99g, 106,. Explorer/Bailleau, Paris 169. Explorer/Moisnard, Paris 125b. Fonds Bouge, Chartres 19b, 22-23, 23b, 30, 32, 54h. François Bouyssi, Paris 101. Gamma, Paris 115, 118, 119. Gamma/Escavi, Paris 126b. Gamma/Maître, Paris, 125h. Gamma/Simon, Paris 126. Icona, Rome 45, 53h. Isabelle Leblic, Paris 105, 108. Jean Freyss, Paris 117. Mitchell Library, Sydney 54b, 59h. Musée de l'Education, Rouen 88. National Library of Australia, Canberra 13. Noël Monier, Paris, 125h. Alain Plagne 158. Photothèque du Musée de l'Homme, Paris 24g, 33, 35d, 68b, 78, 90h, 90b, 91h, 92, 135, 141, 142. Réunion des musées nationaux, Paris dos de couv., 31d, 46d, 129, 139. Roger-Viollet, Paris 66b. Sipa Press, Paris 113, 120-121. RPBW, Paris couv. Ier plat, 163. Sygma/Maitre, Paris 124. Usis, Paris 107.

REMERCIEMENTS

Dans cette trop brève rubrique ont place tous mes amis de Nouvelle-Calédonie. Qu'en leur nom, Antoine Goromido, Elie et Lucette Poigoune reçoivent mes remerciements les plus chaleureux. Si j'assume l'entière responsabilité de ce livre, je tiens à remercier tout particulièrement les historiens spécialistes de la Nouvelle-Calédonie et du Pacifique (Louis-José Barbançon, Jean Chesneaux, Joël Dauphiné, Christine Douyère, Isabelle Merle) dont les remarques et suggestions m'ont considérablement aidé. Mon amicale gratitude s'adresse aussi à Jean-Claude Rivierre qui m'a constamment éclairé de ses connaissances et a préparé pour ce livre plusieurs textes kanak inédits. Merci également à Patrick Beillevaire, Jean Freyss, André-Georges Haudricourt, José Tissier, Claire et Bernard Faurie, Françoise Ozanne-Rivierre pour leurs lectures attentives du manuscrit; à Michel Naepels qui a pris en charge la chronologie; à l'Agence pour le Développement de la Culture Kanak (Nouméa), au Musée des Arts Africains et Océaniens (Paris), à François Bouyssi, Catherine Buttet, Geneviève Leenhardt et Richard Malbéqui qui ont contribué à la collecte de l'iconographie.
Les Editions Gallimard Jeunesse tiennent à remercier tout particulièrement Serge Kakou qui les a autorisés à consulter sa très riche collection de photos anciennes sur la Nouvelle-Calédonie et Hubert Martinez qui a également fourni de précieux documents. Elles remercient encore les Editions Grains de sable, Nouméa; Les Editions Populaires (Edipop), Nouméa; les Editions Belin, La Petite maison, Odile Jacob, Paris; l'Institut d'Ethnologie, Paris; *Le Monde diplomatique*, *Tiers Monde*, Paris.

ÉDITION ET FABRICATION

DÉCOUVERTES GALLIMARD
DIRECTION Pierre Marchand et Elisabeth de Farcy.
GRAPHISME Alain Gouessant. FABRICATION Claude Cinquin. PROMOTION & PRESSE Valérie Tolstoï.
NOUVELLE-CALÉDONIE, VERS L'ÉMANCIPATION
EDITION et ICONOGRAPHIE Anne Lemaire.
MAQUETTE Alain Gouessant (Corpus), Jacques Le Scanff (Témoignages et Documents).
LECTURE-CORRECTION Catherine Lévine et Andrée Dufour. PHOTOGRAVURE AEC, Paris.

Table des matières